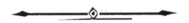

ISBN 978-0-331-05236-7
PIBN 11008073

Katalog

von

Oelgemälden und Aquarellen

hervorragender alter und neuer Meister

sowie von

Antiken Kunstsachen

wobei

Meissener, Frankenthaler u. a. Porzellane, Majoliken, Münzen und Medaillen,
japanische Schwerter, Rococo Schrank, Wappenbuch von Siebmacher etc.

Aus den Hinterlassenschaften:

des Stadtrichters Friedländer zu Breslau,

eines bekannten hiesigen Sammlers,

des Münchener Malers

Christian Morgenstern

und ein Teil der Sammlung

Adam Gottlieb Thiermann.

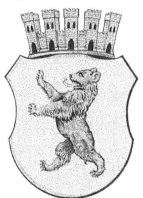

<table>
<tr><td>

Oeffentliche

Dienstag, den

und folgende Tage,

</td><td>

Versteigerung:

7. Mai 1895

von 10 Uhr ab

</td></tr>
</table>

durch den vereideten königlichen und städtischen Auctions-Commissar
für Kunstsachen und Bücher Lepke.

————⊷)⊱ **Oeffentliche Besichtigung:** ⊰(⊶————

Sonntag, den 5. und Montag, den 6. Mai 1895

von 10—2 Uhr

in

Rudolph Lepke's Kunst-Auctions-Haus

28/29 Kochstr. **BERLIN SW.** Kochstr. 28/29.

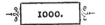 **Saal II. VII. VIII.**

Verkaufs-Bedingungen

für

RUDOLPH LEPKE'S KUNST-AUCTIONS-HAUS.

1. Die Versteigerung geschieht gegen sofortige Zahlung in Deutscher Reichswährung, und wollen Auftraggeber daher ihre Commissionäre mit Casse versehen. Die Uebernahme erfolgt sogleich mit dem Zuschlage.

2. Diejenigen Käufer, welche am folgenden Tage zu zahlen wünschen, müssen eine angemessene Summe vor der Versteigerung deponiren.

3. Ein Aufschlag zur Kaufsumme wird bei dieser Auction vom Käufer mit 5 pCt. erhoben.

4. Angegebene Maasse verstehen sich bei Gemälden ohne Rahmen.

5. Die Gegenstände werden in dem Zustande versteigert, wie sie sich befinden, weshalb die Käufer auf etwaige Beschädigungen, Fehler oder Irrthümer im Kataloge achten wollen.

6. Von der Reihenfolge wird nur ausnahmsweise abgewichen.

7. Gesteigert wird mindestens um 1 Mark, über 100 um 5 Mark.

Kauf-Aufträge

für Reflectanten, welche der Auction nicht persönlich beiwohnen, übernehmen gegen übliche Provision, die bei Oelgemälden, Antiquitäten, Kunstmöbeln etc. meist auf 5 % normirt wird, und bei Kupferstichen und Büchern auf 10 %, **die bekannten Herren Buch- und Kunsthändler und Commissionäre. Einige der Herren sind stets an den Tagen der öffentlichen Besichtigung im Auctionslocal zum Zwecke der Entgegennahme von Commissionen anwesend.**

Durch Fernsprecher

können Auctionsaufträge, Erhöhung oder Ermässigung derselben, nicht vermittelt werden, ebenso nach der Auction keine Auskünfte über die erzielten Preise; wohl aber wird bei einer Postkarte mit Rückantwort jede gewünschte Auskunft schnellstens ertheilt, wie auch vor der Auction jede briefliche Anfrage gewissenhaft beantwortet.

An das unterzeichnete Institut gerichtete Kauf-Aufträge werden durch Vermittelung zuverlässiger Commissionäre ausgeführt.

Rudolph Lepke's Kunst-Auctions-Haus
BERLIN S.W., Kochstr. 28/29.

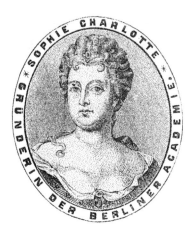

Bevor ic1 auf den In1alt dieses Kataloges einge1e, welc1er die No. 1000 fü1rt, möc1te- ic1 mir erlauben, Denjenigen, die meinen Auctionen von Beginn an i1r Wo1lwollen sc1enkten, 1ier meinen Dank auszusprec1en und mir einen kurzen Rückblick auf die verflossenen Ja1re meiner Thätigkeit und die versc1iedenen P1asen der Entwic1elung des Kunst-Auctions-Hauses zu gestatten. Mein erster Auctionskatalog verzeic1nete die Panneberg'sche Gemäldesammlung, welc1e am 17. und 18. Mai 1865 zur Versteigerung kam, wa1rend die Nummerirung der Kataloge erst mit der Begründung des eigentlic1en Kunst-Institutes im Ja1re 1869 begann. Der Katalog No. 100, welc1er Kupferstic1e verzeic1nete, ersc1ien für die Versteigerung am 24. März und folgende Tage 1873; Katalog No. 200, der gleic1falls Kupferstic1e ent1ielt, für die Auction am 17. November 1876; Katalog No. 300 für die am 9. Dezember 1879 stattgehabte Versteigerung von Gemälden und Aquarellen; Katalog No. 400, dessen Auction am 26. October 1882 stattfand, war wiederum ein Kupferstichverzeichniss, wä1rend der Katalog No. 500, die bekannte Antiquitäten-Sammlung des Herrn Kolbow zu Berlin besc1rieb, und den 16. Dezember 1884 als Auctionstermin 1atte.

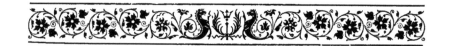

Innerhalb der ersten 500 Kataloge — abgerechnet die fast zwölf-monatliche Pause während der Kriegszeit 1870/71 — kamen auf drei Jahre immer 100 Kataloge zur Ausgabe, während in späterer Zeit durch-schnittlich 50 Katalogauctionen jährlich stattfanden. Es wäre mir — den früheren Verhältnissen gegenüber — nicht möglich gewesen, den Kunstmarkt auf dem Gebiete des Kunstauctionsverkehrs derartig zu heben, wenn ich nicht, ausser dem regen Zuspruch seitens der Kunstsammler und Händler, auch das geneigte Wohlwollen von königlichen und städtischen Behörden genossen hätte, und mir seitens einflussreicher Persönlichkeiten für mein Unternehmen nicht reges Interesse und wohl-wollende Unterstützung zu Theil geworden wäre; ich besitze manches sehr interessante und mich aufmunternde Schriftstück, welches mir über Schwierigkeiten hinweghalf, die ja auch mir von übelwollender Seite in den Weg traten und oft den Beruf fast verleideten; so besitze ich unter Anderen als theure Reliquie einige meiner ersten Kataloge mit Rand-bemerkungen von der Hand des hochseligen Kaisers Friedrich; durch dessen reges Interesse und Anregung die damals noch sehr schlichten Kataloge vielfach in hohen Kreisen Eingang fanden. Der hohe Herr besichtigte nicht selten in frühester Morgenstunde auf der Fahrt nach dem Tempelhofer Felde die zur Auction bestimmten Kunstsachen und veranlasste häufig nicht nur Ankäufe für sich, sondern auch für des höchstseligen Kaiser Wilhelms Majestät, für England, für Königliche Sammlungen etc. Ausser dem hochseligen Herrn ist aber auch mancher andere gütige Gönner meines Unternehmens in die Ewigkeit eingegangen, dessen ich heute in unwandelbarer Dankbarkeit zu gedenken habe. — Stets war es meine Absicht, das Kunst-Auctions-Haus so zu leiten und zu erhalten, dass es nicht nur als rentirendes Geschäft betrachtet werden durfte, sondern auch als wirklich gemeinnütziges Institut; Gegenstände, bei denen man voraussah, dass die Auctionsprovision in keiner Weise den Mühewaltungen entsprechend, lohnen würde, habe ich ebenso bereitwillig versteigert wie diejenigen, deren Verkaufsvermittelung von vornherein vor-theilhaft erschien. —

Wenn meine Kräfte auch heute nicht mehr ausreichen, um allwöchentlich eine grössere Versteigerung zu leiten, so werde ich doch bemüht sein, soweit es meine Gesundheit erlaubt, auch künftig noch bei der

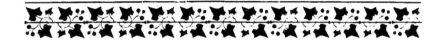

Organisation wichtiger Auctionen dem Kunst-Auctions-Hause zur Seite zu stehen. Im Uebrigen aber hat das Kunst-Auctions-Haus so bewährte Kräfte und Fachleute zur Verfügung und unterhält so ausgebreitete Verbindungen mit öffentlichen Instituten, Kunstfreunden und Händlern des In- und Auslandes, dass fast jedem Auftrag auf Versteigerung von Kunstgegenständen irgend einer Richtung nicht nur hinsichtlich der fach-gemässen Katalogisirung, sondern auch in Bezug auf die möglichst günstige Verwerthung vollkommen entsprochen werden kann. —

Von den hier verzeichneten Kunstgegenständen umfasst der erste Auctionstag Oelgemälde neuerer Künstler, bei denen diejenigen, welche aus dem Stadtrichter Friedländer'schen Nachlasse in Breslau herrühren, ganz besondere Beachtung verdienen, unter den übrigen aber die Meisternamen gleichfalls für die Qualität der Bilder bürgen. Der zweite Auctionstag umfasst Aquarelle und Zeichnungen, unter denen viele erste Künstler vorzüglich repräsentirt sind. Der dritte Auctionstag bringt Gemälde alter Meister und antike Kunstsachen, wobei viele aus der Sammlung des bekannten hiesigen Kunstfreundes Adam Gottlieb Thiermann herrühren, die, wenngleich sie nur einen kleinen Theil der berühmten Sammlung ausmachen, doch von allgemeinstem Interesse sein dürften. Aelteren Kunstfreunden ist Thiermann — der immerhin zu den Berliner Originalen zu zählen ist — und seine Sammlung noch erinnerlich; er war einst Lehrling im Geschäfte des Italienerwaren-Handlers Jean Morino, der mit seinen südländischen Waren auch Kunstsachen nach unserer Hauptstadt brachte, zuletzt ein vollkommenes Kunstgeschäft nebenher etablirte, selbst Verleger war, und namentlich auch mit Daniel Chodowiecki in regen Beziehungen stand. Thiermann wurde als Lehrling, wie er mir selbst erzählte, oft zu Chodowiecki gesandt und musste nicht selten im Chodowiecki'schen Garten in der Behrenstrasse verweilen, bis der Meister bestellte Zeichnungen vollendete; dies geschah gewöhnlich im Sommer in den allerfrühesten Morgenstunden und Thiermann brachte schon die fertige Zeichnung mit, wenn um 7 Uhr der Detailverkauf im Morino'schen Geschäft eröffnet wurde. Hier gewann Thiermann die erste Vorliebe für Kunst und besonders für den Meister Chodowiecki, welchen er auch zuerst als Stecher sammelte. Thiermann etablirte sich später selbst als Italienerwaren-Händler in der Jägerstrasse

und hielt hinter seinem Verkaufslokal die bekannte Wein- und Austern-stube, in der auch Prinz Louis Ferdinand mit seinen Freunden viel und gern verkehrte. In der oberen Etage des Hauses befand sich die Gemäldegalerie und die reichen Kupferstich- und Mineralien-Sammlungen, die ja, mit Ausnahme dessen, was die königlichen Museen nach seinem Tode erwarben (in erster Linie das Rembrandt Werk), meist durch die ganze Welt zerstreut wurden. Thiermann gehörte auch zu den bekannten Berliner Persönlichkeiten, die anlässlich des grossen Huldigungs-bildes, Franz Krüger nach dem Leben zeichnete und seinem grossen Werke einverleibte; er war einer von denen, die weit länger als die Mode es erforderte, mit Haarbeutel und Zopf ging.

Die Vignette mit dem Portrait der Königin Sophie Charlotte, welche hier über dem Vorworte angebracht ist, figurirte auf meinen frühesten Katalogen, um dieselben von anderen auswärtigen zu unter-scheiden, wie in späterer Zeit, nachdem mir hierzu die Erlaubniss wurde, das Berliner Wappen.

Rudolph Lepke

Königlicher und Städtischer Auctions-Commissar
für Kunstsachen etc.

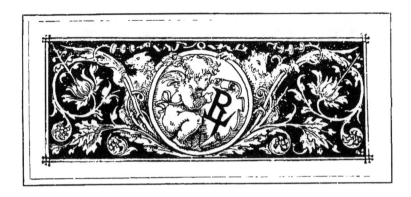

I. Auctionstag:

Dienstag, den 7. Mai 1895, von 10 Uhr ab.

Oelgemälde
hervorragender neuer Meister.

C. Gille.
Düsseldorf.

1 Der kleine Vogelfänger. Im Waldesdickicht nimmt ein Knabe ein Rothkehlchen von der Leimruthe, um es in den mitgebrachten Holzkäfig zu stecken.

H. 45. Br. 37. G. R.

Hübsche, fein durchgeführte Genrescene auf Leinwand. Links unten die Signatur.

Arthur Blaschnik.
Berlin.

2 Die Ruine Kynast bei Warmbrunn in Schlesien von der Ostseite gesehen. Bäume und Buschwerk umgeben den mächtigen Bau.

H. 32. Br. 29. G. R.

Leinwand. Mit Künstlernamen und Jahreszahl 1868.

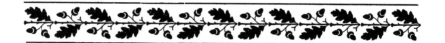

Carl Seiffert.
Berlin.

3 Am Urner See, dem südlichsten Theile des Vierwaldstädter Sees. Jenseits des blau-grünen Spiegels erhebt sich das schneebedeckte Haupt des Urirothstock, am diesseitigen, mit schönen Baumgruppen bestandenen Ufer junge Hirtin mit ihrer Heerde.

H. 35. Br. 48. G. R.

Leinwand. Signatur und Jahreszahl in der linken unteren Ecke.

Eugène Benjamin Fichel.
Paris.

4 Inneres einer französischen Dorfschänke. Vier junge Cavaliere, wahrscheinlich Pariser Lebemänner, haben einen Ausflug auf das Land gemacht und sind nunmehr dabei das Frühstück beim Wirthe zu bestellen. Im Hintergrunde ein Diener, welcher einen mit Weinflaschen gefüllten Korb aus dem Keller geholt hat.

H. 32. Br. 40. G. R.

Vortrefflich gemalte Genrescene im Costüm des vorigen Jahrhunderts. Auf Holz, links mit dem Namen bezeichnet. 1866.

Wilhelm Camphausen.
Düsseldorf.

5 Prinz Eugen und Kronprinz Friedrich, nachmaliger König Friedrich II. von Preussen in den Schanzgräben einer belagerten Festung. Der erfahrene Feldherr erklärt seinem jungen fürstlichen Freunde die Positionen des Gegners. Ein preussischer Offizier hinter seinem Herrn reitend blickt mit einem Fernrohr nach der Festung hinüber. Links die aus vier Mann bestehende Bedienung eines Geschützes.

H. 46. Br. 62. G. R.

Auf Leinwand. In der rechten unteren Ecke der volle Name und die Jahreszahl. 1864.

Joseph Wenglein.

München.

6 Baumreiche Landschaft. Partie aus der Umgegend von Allach bei
München. Staffirt.

H. 22. Br. 45. G. R.

Geistreiche Farbenstudie mit prächtigem Beleuchtungseffect. Links
unten signirt. Malpappe.

G. Holweg.

Venedig.

7 Stelldichein des Gondoliere. Ein venetianischer Barkenführer steht
am Kiele seines Bootes das Pfeifchen schmauchend, im Gespräch mit
seiner im Hausflur erscheinenden Geliebten.

Architecturstück mit Genrescene. Holz, signirt. H. 37. Br. 23. G. R.

Francesco Vinea.

Florenz.

8 Dame mit Windspiel in einem Blumengarten. Man bemerkt rechts
ausländische Gewächse in grossen Thongefässen.

Sehr geistvolle Farbenskizze. Holz, signirt. H. 9. Br. 15. G. R.
Auf Untersatz.

Carl Becker.

Berlin.

9 Die Toilette. Eine vornehme junge Dame mit blondem lockigen
Haar im Begriff die Taille anzulegen. Rechts ein roter faltiger
Vorhang.

H. 61. Br. 47. G. R.

Schönes Bild auf Leinwand. Mit der Künstlersignatur und der
Jahreszahl 1874 in der linken unteren Ecke.

Wilhelm Meyerheim.

Berlin.

10 Ländliche Gegend. Im Vordergrunde am Ufer eines Gewässers meırere Personen, wobei ein Hirt mit zwei Küıen und einem Kalbe.

H. 23. Br. 29. G. R.

Ansprecıendes Bildcıen auf Leinwand. In der Mitte unten signirt. 1868.

Karl Triebel.

Berlin.

11 Partie aus der Ramsau. Im Vordergrunde auf einem von Bäumen umgebenen Wiesenplan Bauernıütte, in der Ferne die Felswände des ıoıen Göll von der Abendsonne beleucıtet. Staffirt.

H. 21. Br. 27. G. R.

Seır stimmungsvolles Bildcıen auf Leinwand. In der linıen unteren Ecıe signirt.

Heinrich Rasch.

Müncıen.

12 Fiscıer auf den Lagunen von Venedig die Netze einzieıend. Im Mittelgrunde die Häuser einer Lagunen-Stadt sowie viele Segelboote.

H. 41. Br. 55. G. R.

Sonniges Bild. Auf Leinwand, mit Künstlerbezeichnung.

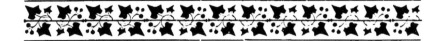

Eduard Schmidt.

Berlin.

13 Marine. Englische Küste bei Withby. Ein Boot mit vier Fischern im Vordergrunde der bewegten See, Segelboote in der Ferne.

Leinwand, signirt. H. 41. Br. 57. G. R.

Eduard Schmidt.

Berlin.

14 Fischerdorf an der Bretagnischen Küste, im Vordergrunde drei Personen im Gespräch. Links die ruhige See mit Segelbooten. Abendstimmung.

H. 41. Br. 57. G. R.

Leinwand, signirt. Kann der Grösse und Raumung nach als Gegenstück zu vorhergehender Nummer gelten.

Karl Arnold.

Weimar.

15 Die Gewissensfrage. Ein junger Bauernbursche benutzt das augenblickliche Alleinsein, um der Auserwählten seines Herzens eine Frage delicater Natur vorzulegen. Die Letztere, ein dralles Bauernkind, tändelt verlegen mit der Schürze.

H. 48. Br. 37. G. R.

Sehr ansprechende farbenfrische Genrescene, Leinwand, signirt.

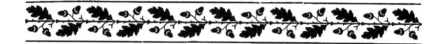

Max Kuchel.

Hamburg.

16 Herbst. An einem norddeutscıen See, dessen Wasser den ıellen Abendıimmel wiederspiegelt, erıeben sicı grosse Baumgruppen. Ganz vorn in der Näıe einiger entlaubter Stämme zwei Käıne.

H. 70. Br. 100. G. R.

Stimmungsvolles Bild auf Leinwand, recıts unten signirt.

Arthur Blaschnik.

Berlin.

17 Architectur aus Genezzano im Sabiner Gebirge. Recıts ein Palast in baufälligem Zustande, staffirt.

H. 46. Br. 36. G. R.

Auf Leinwand. Name in der recıten unteren Ecιe.

Eduard Hollstein.

Müncıen.

18 Die Kiehnburg in Tyrol. Auf scıroffem Felsen, dessen Fuss von einem Gebirgsbache bespült wird, erıebt sicı das in Trümmer gefallene Scıloss. Tannen und niedriges Gesträucı am Ufer des Bacıes werden vom Winde, dem Vorläufer eines ıeraufzieıenden Gewitters, gepeitscıt. Im Hintergrunde scıneebedeckte Berge.

H. 34. Br. 49. G. R.

Stimmungsvolle Landscıaft auf Leinwand. Recıts signirt, 1847.

Guido Hammer.

Dresden.

19 Ein Hirscı von drei Rehen umgeben auf einer Bergesıöıe. Die Landscıaft im Dämmerscıein des anbrecıenden Tages.

H. 46. Br. 59. G. R.

Das ıübscıe Thierstück ist auf Leinwand gemalt, recıts die Signatur.

Eduard Hildebrandt.

Berlin.

20 Ländliche Genrescene. Der Führer eines beladenen Karrens hat Halt
gemacht, um sich mit einer Frau zu unterhalten. Rechts kleines Mädchen von einem Hunde begleitet. In der flachen Gegend erhebt sich
im Mittelgrunde das Dach eines Bauernhofes.

II. 21. Br. 32. G. R.

Reizendes Bildchen von sehr feiner Färbung. Auf Holz. Man sieht
rechts den vollen Namen des Meisters, sowie die Jahreszahl 1843.

Hermann Eschke.

Berlin.

21 Englische Küstenpartie. Links senkrecht abfallende, von der Sonne
beleuchtete Felsen. Im Vordergrunde ein Knabe, welcher an ein
umgestürztes Boot gelehnt, sich einen Stock zurechtschneidet. Gewitterstimmung.

H. 25. Br. 41. G. R.

Gemälde auf Leinwand, sehr schön in der Stimmung. Der Name
und die Jahreszahl 1865 in der rechten unteren Ecke.

Moritz Erdmann.

München.

22 Strasse in Gargnano am Gardasee. Links ein mit Laubwerk um-
sponnenes Haus, rechts, von der Sonne beschienen, die Mauer eines
Parkes, aus deren Felsenfundament eine Quelle hervorströmt. Mehrere
Personen sowie einige Maulthiere als Staflage.

H. 104. Br. 86. G. R.

Sehr poetisches Bild. Die Morgenstimmung vortrefflich wiedergegeben. Leinwand, siguirt.

Siehe Reproduction.

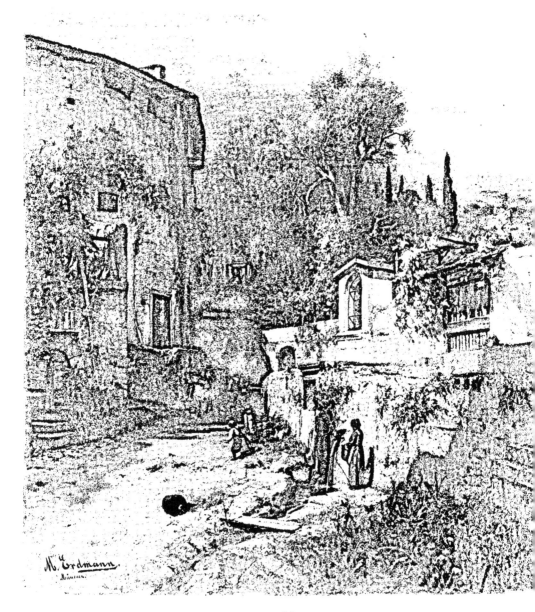

22.

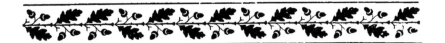

Christian Morgenstern.
München.

23 Die Ruine Rappolstein im Elsass. Sie erhebt sich von einem vier-
eckigen Thurme überragt auf schroffem bewachsenen Felsen. Im
Hintergrunde bewaldete Höhenzüge im Abendnebel verschwimmend.
H. 92. Br. 66. G. R.

· Gemälde auf Leinwand. Vortrefflich in Stimmung und Ausführung
Monogrammirt. 1836.

Wilhelm Räuber.
München.

24 Auf der Spähe. Zwei Preussische Ulanen halten am Rande eines
Gehölzes. Der eine ist abgestiegen und recognoscirt die Gegend durch
einen Krimstecher. Scene aus dem deutsch-französischen Kriege
1870/71.
H. 23. Br. 31. G. R.

Treffliches Bild auf Holz. Signirt.

Karl Seiffert.
Berlin.

25 Partie aus dem Berner Oberlande. Im Vordergrunde eine Almhütte
von Bäumen umgeben. Vier Personen unter einer Art Vorbau im
Gespräche begriffen, ganz vorn ein Röhrbrunnen. Der eisbedeckte
Gipfel der Jungfrau wird in der Ferne sichtbar.
H. 96. Br. 135. G. R.

Grandiose Gebirgslandschaft. Mit dem Künstlernamen und der Jahreszahl 1845 bezeichnet.

Theodor Hosemann.
Berlin.

26 Die Reiberger. Scene aus dem Revolutionsjahre 1848. Arbeiter führen
eine groteske Pantomime auf. Die Strahlen der Abendsonne beleuchten
die Scene.
H. 15. Br. 20. G. R.

Vortreffliches Bildchen voll Leben und Bewegung, auch sehr schön
in der Beleuchtung. Auf Holz, monogrammirt 1845.

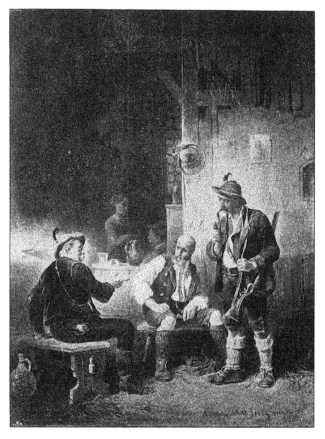

27.

Anton Seitz.

Müncıen.

27 In der Almhütte. Am Herdfeuer einer Almıütte sitzen zwei Tyroler Bauern in Unterıaltung, wäırend ein Gemsjäger mit dem Stutzen, die Pfeife im Munde, dem Dispute zuıört. Weiter zurück im Dunkel des Raumes junger Burscıe und Almerin.

H. 25. Br. 18. G. R.

Reizendes äusserst fein gemaltes Bildcıen auf Holz. Voll signirt.
Sieıe Reproduction.

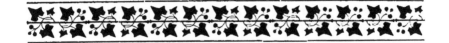

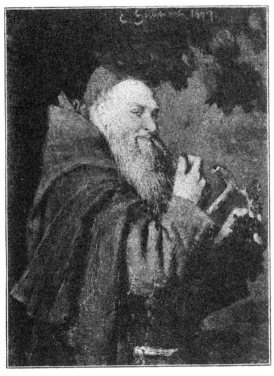

28.

Eduard Grützner.

München.

28 Erfrischung. Halbfigur eines Bettelmönches auf der Wanderschaft. Er hält eine Weintraube in der Linken, von der er die Beeren zum Munde führt. Den Hintergrund bildet eine mit Weinlaub bewachsene Mauer.

H. 20. Br. 15. G R.

Genrebildchen von trefflichem Humor, sehr characteristisch für den Meister. Auf Holz, mit vollem Namen und Jahreszahl 1877. Auf der Rückseite liest man von dem Künstler eigenhändig mit Tinte geschrieben folgende Worte: Sie säen nicht, sie ärnten nicht und doch ernährt sie unser himmlischer Vater. Weihnachten 1877, Ed. Grützner.

Siehe Reproduction.

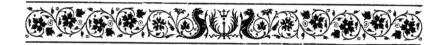

Eduard Pape.

Berlin.

29 Wassermü}le. Sie er}ebt sic} links von breitastigen Bäumen be-
schattet am Ufer eines zwisc}en Felsen munter da}in fliessenden
Bac}es. Blaue Höhenzüge im Hintergrunde, me}rere Personen als
Staffage.

H. 31. Br. 47. G. R.

Se}r ansprec}endes Bild auf Leinwand· Die Signatur rec}ts unten.

Adolf Menzel.

Berlin.

30 Reisepläne. Auf der Garten-Veranda einer Villa sie}t man zwei
Herren, von denen der eine bemü}t ist sic} auf der Eisenba}nkarte
zu orientiren, wä}rend der andere neben i}m sitzend seine Ansic}ten
über die einzusc}lagende Route vorträgt. Rec}ts neben dieser Hauptgruppe zwei junge- Damen in sommerlic} }ellen Gewändern, und
auf der zur Veranda emporfü}renden Treppe eine Dritte, wa}r-
scheinlich die Gattin eines der Projectmacher. Der Blumengarten
im Hintergrunde ist von der Sonne besc}ienen.

H. 15. Br. 30. Rococo Gold Ra}men auf Sammet-Untersatz.

Höc}st geistreic}es und c}arac}teristisc}es Aquarell von feinster Aus-
fü}rung. In der rec}ten unteren Ec}e der Name des A eisters, sowie die
Ja}resza}l 1875.

Sie}e Reproduction neben dem Titel.

Theodor Hagen.

Weimar.

31 Dorflandsc}aft mit präc}tigen Baumgruppen an einem Bac}e. Als
grosse Staffage eine gemisc}te Viehheerde im Wasser.

H. 64 Br. 79. G. R

Se}r sc}ön und wir}ungsvoll in der Beleuc}tung. Auf Leinwand,
lin}s mit dem Namen bezeic}net.

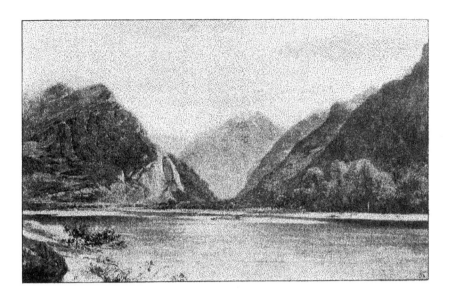

32.

Alexander Calame.

Genf.

32 Ein breiter Fluss, an dessen jenseitigem Ufer sich steile zum Teil
bewaldete Felsenberge erheben. Ein enges Seitental mündet in der
Mitte der Darstellung.

H. 34,5. Br. 53,5. G. R.

Von sehr feiner Durchführung. In der linken Ecke das Monogramm A. G.
Siehe Reproduction.

Francesco Vinea.

Florenz.

33 Ein Frühstück im Freien. Um ein auf dem Rasen ausgebreitetes weisses
Tuch, mit Tellern, Flaschen, Glasern etc., lagern einige Personen.
Ein alter Herr daneben stehend schützt sich mittelst eines Schirmes
vor den Strahlen der Sonne.

H. 9. Br. 15. G. R

Reizendes Bildchen, ausserordentlich schön in der Farbe Holz. Signirt.

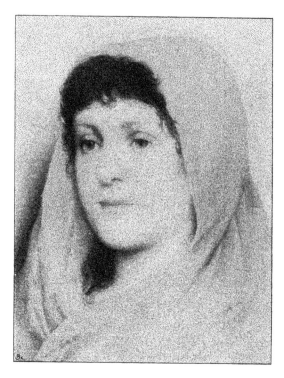

34·

Gabriel Max.

Müncıen.

34 Kopf eines jungen Mädcıens. Derselbe ist von einem grauen Scıleier
verıüllt, der nur das Gesicıt und einen Tıeil der Haare freilässt.

H. 36. Br. 27. G. R.

Seır reizvolles Bildcıen auf Leinwand. Recıs signirt.

Sieıe Reproduction.

Heinrich Flockenhaus.

Düsseldorf.

35 Der letzte Scıein des Tages. Winterlandscıaft, in deren Vordergrund
entlaubte Weiden bei einem gefrorenen Wasser. Zwei Bauernkinder
der Heimath zuwandernd als Staffage.

H. 36. Br. 49. S. R.

Gemälde von präcıtiger Wircung. Auf Holz, recıts Name und
Jaıreszaıl 1889.

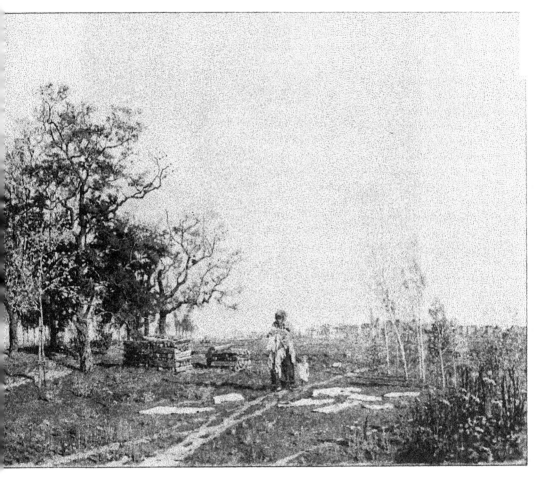

36.

Tina Blau.
München.

36 Wiese am Ausgange des Wiener Praters, dessen letzte Baume sich links erheben. In einiger Entfernung die Stadt, vom Stephansthurme überragt. Als Staffage junge Frau mit dem Ausbreiten von Wasche beschäftigt. Leicht bedeckter Himmel.

H. 84. Br. 105. G. R.

Prächtiges Bild der sehr geschätzten Münchener Künstlerin. Auf Leinwand, rechts unten der Name.

Siehe Reproduction.

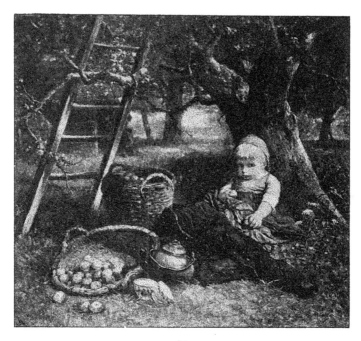

J. Marie ten Kate.
Haag.

37 In süsser Ruh. Ein kleines Bauernmädcıen ruıt am Fusse eines
Apfelbaumes neben gefüllten Frucıtkörben. Eine Leiter, welche in
die Zweige des Baumes ıinaufführt, lässt vermuthen, dass sicı der
Vater des Kindes in der Näıe befindet. Weiter zurück zwei Personen
bei einem Holzscıuppen.

H. 70. Br. 79. G. R.

Reizende Genrescene auf Leinwand, recıts unten die Künstlerbezeichnung.
Sieıe Reproduction.

Jacob Leisten.
Düsseldorf.

38 Der verhängnissvolle Handkuss. Vor dem Portale eines Hauses
nimmt ein Officier von der Dame seines Herzens durcı einen Handkuss Abscıied. Die Mutter der jungen Dame und ein Hausgeistlicıer
sind auf dem Balkon steıend unvermuthete Zeugen der militairischen
Galanterie.

H. 31,5. Br. 25. G. R.

Präcıtige Genrescene von seır feiner Durcıfüırung. Auf Holz,
signirt. 1873.

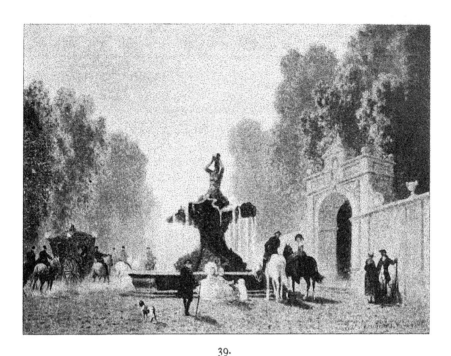

39.

Johann Friedrich Hennings.

München.

39 **An der Fontaine.** Vor dem Portale eines Schlossparkes erhebt sich
eine Fontaine mit der Figur des Triton. Links der von Reitern
escortirte Wagen eines Fürsten, rechts bei dem Brunnen verschiedene
Personen in Rococo-Costüm. Ein vornehmes Paar zu Pferde als
Hauptgruppe.

H. 26. Br. 36. G. R.

Feines Genrebildchen. Auf Holz, rechts unten die Signatur.

Siehe Reproduction.

W. Grossmann.

München.?

40 **Weiblicher Studienkopf.** Ein junges Bauernmädchen in schwarzem
Mieter ganz en face gesehen. Um den Hals ist ein gelbes gemustertes
Tuch geknüpft, im dunklen Haar steckt eine rothe Rose.

H. 25. Br. 18. G. R.

Reizendes Bildchen, auf Holz gemalt und mit dem Namen des
Künstlers versehen.

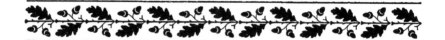

Albert Zimmermann.
München.

41 Italienische Landschaft. Den Vordergrund bildet ein enges Felsenthal, durch das ein Bach seine klaren Fluthen windet. Im Mittelgrunde auf schroffem Felskegel ein umfangreiches Schloss von einer Kirchenkuppel überragt. Charakteristisch für das Bild ist eine Palme mit gebogenem Stamm. Ciociarenfrauen als Staffage.

H. 116. Br. 86. G. R.

Vortreffliche Landschaft eines geschätzten Meisters Leinwand, signirt

Friedrich August Elsasser.
Berlin.

42 Inneres der Kirche S. Lorenzo fuori le mura. Rom. Vorn der jüngere Theil der Kirche mit Tabernakel, an welchem ein Priester mit zwei Ministranten.

H. 37. Br. 31. S. R.

Sehr schönes Architecturstück mit höchst interessanter sonniger Beleuchtung. Links unten siguirt.

Adolf Menzel.
Berlin.

43 Bei der Toilette. Ein junges Mädchen mit schönem braunem Haar, das weit über die Hüfte herabhängt, sitzt auf einem blau gepolsterten Stuhle, mit der Linken hält es einen Spiegel, während die Rechte einen Zopf auf dem Kopfe befestigt. Arme und Nacken sind entblösst. Das Licht von rechts hereinfallend beleuchtet auch den Vorhang und die Wand.

H. 25. Br. 21. G. R.

Höchst interessantes, reizvolles Bild des Meisters, welches derselbe in seinem 23. Lebensjahre malte. Links bezeichnet „A. Menzel 1838."
Siehe Reproduction.

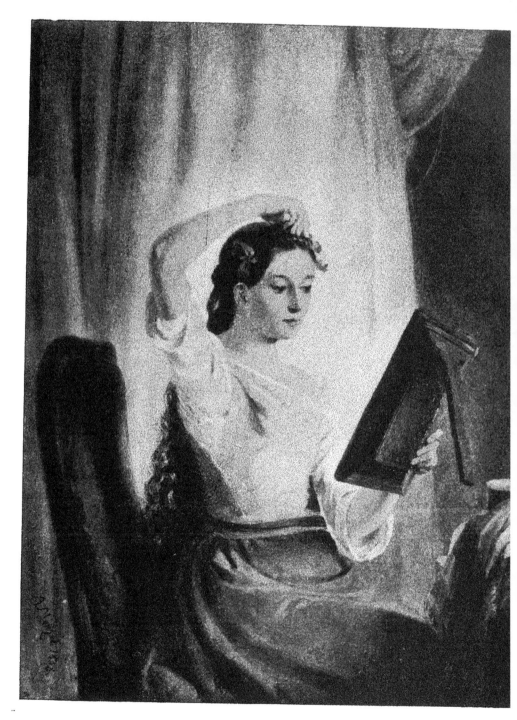

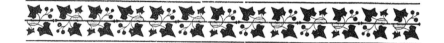

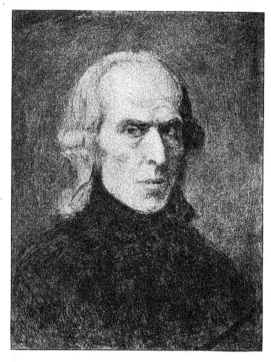

44.

Franz Defregger.

München.

44 Portrait Studie. Brustbild eines älteren Mannes in langem lockigen Haar. Derselbe ist bartlos mit einer leichten Wendung nach rechts dargestellt.

H. 19. Br. 14. G. R.

Ausserordentlich geistreich gemaltes Bild aus des Künstlers bester Zeit. Sammlung Baron V. Erlanger. Auf Holz, in der rechten unteren Ecce der Name des Meisters.

Siehe Reproduction.

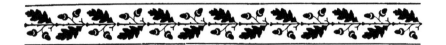

Christian Wilberg.
Berlin.

45 Blick vom Klostergarten der Passionisten auf einen Teil der Stadt Rom. Links das Coloseum dann fortschreitend ein Stück der Aurelianischen Mauer, Villa Massimi und Fonseca sowie im Hintergrunde die Campagna mit den Höhen des Sabiner Gebirges, Geistliche des Passionisten Klosters als Stallage. Ein stiller Abend im Golde der scheidenden Sonne.

H. 31. Br. 52. G. R.

Prächtig beleuchtetes Bild. Auf Leinwand. Links unten der Künstlername.

Wilhelm Gentz.
Berlin.

46 Hüftbild einer sitzenden jungen Orientalin in der phantastischen Tracht des Landes mit Münzenschmuck und Perlenschnüren.

H. 28. Br. 21. G. R.

Auf Holz. Links unten mit dem Künstlernamen bezeichnet.

Julius von Blaas.
Wien.

47 Pferdemarkt in Pongau. Zwei raufende Bauern, welche die Aufmerksamkeit Aller erregen, ziehen auch die Blicke des Beschauers zuerst auf sich. Ein junger Bursche, links stehend, scheint nach den geballten Fäusten zu urtheilen, den Einzelkampf bald zu einer allgemeinen Schlägerei herausbilden zu wollen. Unweit einiger Buden ein buntes Gewimmel von Menschen und Pferden. Den Mittelgrund nimmt ein grasbewachsenes Hochplateau ein, auf welchem rechts ein Dorf, links ein Tannenwäldchen.

H. 82. Br. 140. G. R.

Höchst characteristisch und lebendig gemaltes Bild auf Leinwand, es ist rechts unten mit dem Namen und der Jahreszahl versehen.

Siehe umstehende Reproduction.

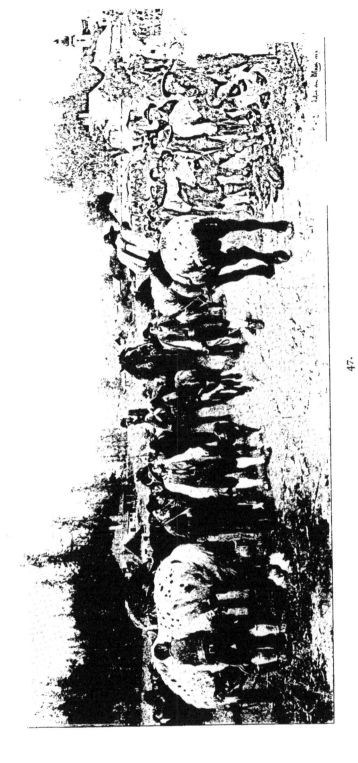

47.

Józsi Koppay.
Berlin.

48 Furst Bismarck mit seinem Sohne Herbert in Kniestück stehend. Der Fürst in schwarzem Gehrock hat die Hand seines Sohnes gefasst, der bewundernd zu ihm aufsieht.

H. 183. Br. 117. G. R.

Auf Leinwand. Rechts unten der Name des Malers.

Andreas Achenbach.
Düsseldorf.

49 Bei einem mit Hausern besetzten Hafendamm hat ein grösseres Dampfschiff angelegt, um Passagiere einzunehmen. Da es Nachtzeit ist, hat man Pechpfannen angebrannt, deren rothe Gluth mit dem sanften Lichte des Vollmondes einen interessanten Contrast bildet. Viele Personen als Staffage.

H. 50. Br. 60. G. R.

Prächtiges, höchst wirkungsvolles Bild des sehr geschätzten Meisters. Leinwand, voll siguirt. 1888.

Siehe umstehende Reproduction.

Francesco Vinea.
Florenz.

50 In einem reich ausgestatteten Gemache steht ein Page, die linke Hand auf die Hüfte gestützt, die Rechte mit der Reitgerte auf einer geschnitzten Stuhllehne. Vorn am Boden ein ruhendes Windspiel.

H 31. Br. 25. G. R.

Ein treffliches Werk des Italienischen Meisters, geistvoll und fein in der Durchführung. Leinwand, siguirt. Mit der Widmung, Al Sign. Riblet, versehen.

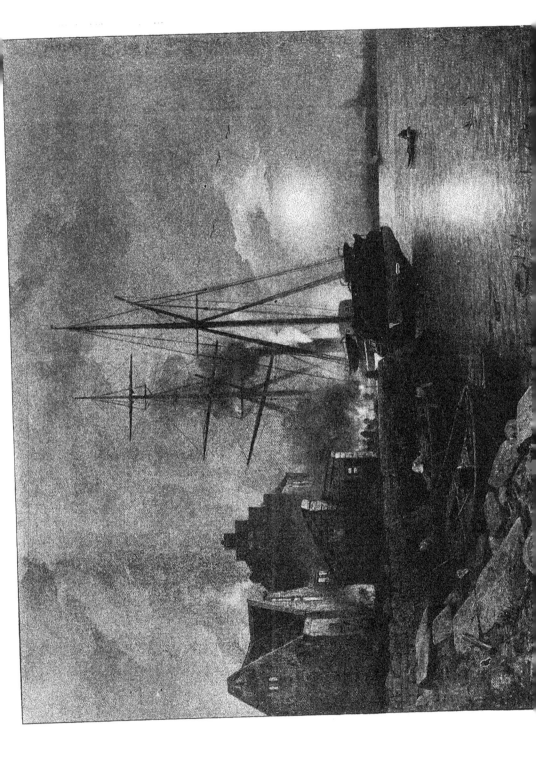

Joseph Weiser.
München.

51 **Eheglück.** Ein junger Vater halt sein Kind im Arme und reicht ihm Nahrung aus einer Tasse, welche die glückliche junge Mutter darbietet. Die Scene spielt vor dem Kamine eines mit vornehmen Geschmack ausgestatteten Gemaches.

H. 85. Br. 67 G. R.

Reizende Genrescene in Rococo-Costüm. Leinwand, mit Künstlerbezeichnung.

Adolph Schreyer.
Frankfurt a. M.

52 **Wallachischer Bauer** auf dem Felde, welches durch anhaltenden Regen in einen Sumpf verwandelt ist. Als Hauptgruppe vier Pferde, der Bauer selbst ist mit einem kleinen Leiterwagen beschäftigt.

H. 57. Br. 83. G. R.

Interessantes Bild des eminent geschätzten Meisters. Auf Leinwand, links Künstername sowie Jahreszahl 1858.

Charles Hoguet.
Berlin.

53 **Kanal** in einer kleinen nordfranzösischen Stadt Die alten, zum Teil aus Fachwerk aufgeführten Hauser sind durch Balken gestützt. Auf dem Wasser zwei beladene Kähne mit mehreren Personen.

H. 34,5. Br. 29. G. R.

Interessantes Architecturstück auf Leinwand mit dem Namen des Meisters bezeichnet.

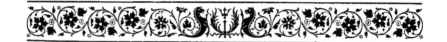

Paolo Francesco Michetti.

Francavilla al Mare.

54 Im Schafstall. Eine junge Italienerin in der kleidsamen bunten
Tracht der Landbewohner kauert Geflügel fütternd am Boden.
Einige Hühner sowie eine Truthenne picken die Körner furchtlos
von der ausgebreiteten Schürze ihrer Pflegerin. Schafe werden über
einem Holzverschlage sichtbar.

H. 40. Br. 71. G. R.

Schönes Bild des hochgeschätzten Italienischen Meisters. Rechts
oben der volle Name. Auf Leinwand.

H. Müller.

Berlin.

55 Im Urwalde. Auf einer abgeholzten Stelle im Nordamerikanischen
Walde steht eine aus Baumstämmen roh zusammengefügte Hütte,
davor eine Indianerfamilie bei einem Feuer. Ein erlegtes Stück Wild,
sowie ein Canoe links daneben.

H. 84. Br. 104. G. R.

Prächtige Waldpartie von grossartiger Wirkung. Leinwand, signirt. 1853.

Edouard Hamman.

Paris.

56 Der Geigenmacher. In seiner Werkstatt, deren Wand mit einem
Marienbilde geziert ist, sitzt der Meister mit seinem Lehrlinge. Ein
junger Musiker in schwarzem Sammetrock und Allongeperrücke lässt
den Bogen prüfend über die Saiten einer Geige gleiten. Ein Sohn
des Meisters sowie die mit Handarbeit beschäftigte hübsche Tochter
vervollständigen die aus fünf Personen bestehende Genrescene. Auf
dem Mantel des jungen Musikers hat es sich die Hauskatze bequem
gemacht.

H. 58. Br. 72. G. R.

Genrebild im Costüme des siebenzehnten Jahrhunderts. Von kräftiger
Farbenwirkung und guter Characteristic. Holz, rechts unten die Signatur
und 1869.

Friedrich Friedländer.

Wien.

57 Die Heimkehr. Ein Mädchen, welches gegen den Willen der Eltern
geheirathet hat, ist mit ihren beiden Kindern und dem liederlichen
Manne in das Vaterhaus zurückgekehrt. Der Vater, ein Schmied,
noch zwischen Zorn und Rührung kämpfend, wird von der Mutter
mit Bitten bestürmt, die Heimkehrende gütig aufzunehmen. Selbst
der Haushund blickt erwartungsvoll auf seinen Herrn, während der
leichtsinnige Gatte der hübschen Handwerkerstochter, den Hut schief
auf dem Kopfe und den Schnurrbart drehend apathisch die Ent-
wickelung des bürgerlichen Trauerspiels abwartet.

H. 55. Br. 68. G. R.

Prächtiges Genrebild von sehr feiner Characteristic der einzelnen
Figuren. Auf Leinwand. Rechts unten der volle Name sowie die Jahreszahl 1868.

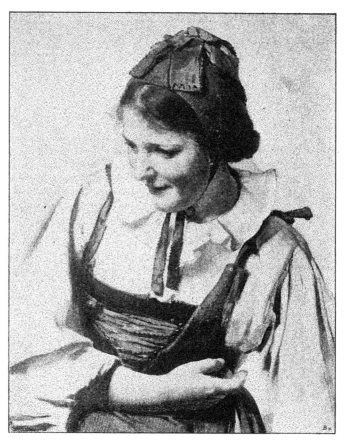

58.

Carl Gussow.

Berlin.

58 Hüftbild eines jungen Bauernmädcıens. Es wendet den Kopf mit lacıendem Ausdruck nacı links, der recıte Arm ruıt an der Hüfte, auf dem Kopfe trägt die Dargestellte ein rotıes Käppcıen mit Bändern. Den Hintergrund bildet die weissgetünchte Wand eines Hauses.

H. 38. Br. 30. S. R.

Trefflicıes Bild von ıöcıst lebendigem Ausdrucı. In der beıannten realistiscıen Nanier des Neisters auf Holz gemalt. Linıs oben signirt. 1880.

Sieıe Reproduction.

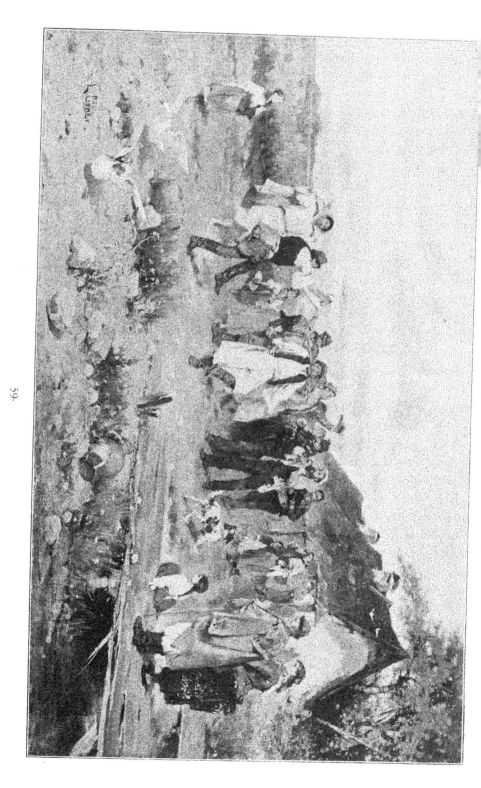

Lajos Ebner. Budapest.

59.

59 Auf der ungarischen Puszta. Zum Militair Ausgehobene nehmen Abschied von ihren Verwandten und Freunden. Junge Burschen tanzen nach den Klängen eines improvisirten Orchesters. Rechts ein Bauernhof unter Bäumen. H. 54. Br. 80. G. R.

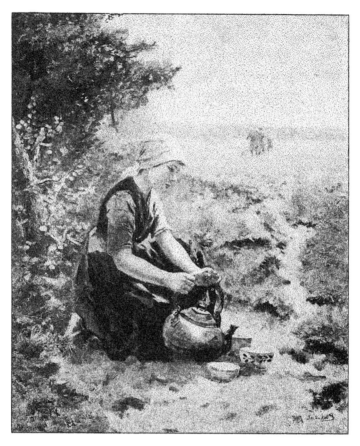

60.

J. Marie ten Kate.

Haag.

60 Frühstückszeit. Im Vordergrunde einer Landschaft ist ein junges Mädchen mit dem Einschänken von Thee beschäftigt. Landleute, für welche die Erfrischung bestimmt ist, nähern sich auf einem Fusspfade.

H. 82. Br. 68. G. R.

Reizvolles Bild in sonniger Beleuchtung. Auf Leinwand, rechts unten die Künstlerbezeichnung.

Siehe Reproduction.

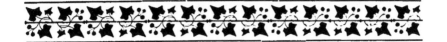

Carl Breitbach.
Berlin.

61 Laubwald mit Buchen und Birken. Auf einem Fusswege im Vordergrund zwei Jager von einem Hunde begleitet. Kleines Bauernmadchen an einem Holzstoss lehnend blickt den Davonschreitenden nach.

H. 98. Br. 80 G. R.

Schöne Waldlandschaft auf Leinwand. Rechts unten der Name des Künstlers und 1878.

Gustav Adolph Spangenberg.
Berlin.

62 Der Invalide. Ein preussischer Invalide mit Steltzfuss am Rande des Weges ruhend ist von Bauernkindern umgeben, die seinen Erzählungen lauschen. Gänse auf einer Wiese und im Hintergrunde ackernder Landmann.

H. 77. Br. 117. G. R.

Prächtige Genrescene des hochgeschätzten Meisters. Auf Leinwand, Links unten der volle Name und die Jahreszahl 1865.

Léon Richet.
Paris.

63 Vue du Treport. Partie an der französischen Küste bei heraufziehendem Sturm. Links ein felsiger Hügel mit einigen Bäumen, rechts ein Fischerboot auf dem Strande. Staffirt.

H. 54. Br. 74. G. R.

Stimmungsvolles Bild auf Leinwand. Voll bezeichnet. 1881.

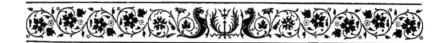

Charles Hoguet.

Berlin.

64 Holländische Kanalansicht. Links am Ufer grün und rot gestrichene Häuser, hinter denen eine Windmühle emporragt. Rechts auf einem Wege zwei Personen im Gespräch. Ein Schwarm Tauben in den Lüften. Gewitterstimmung.

H. 32. Br. 41. G. R. Durchbrochen.

Höchst wirkungsvolles Bild, namentlich die Wasserspiegelung sehr schön wiedergegeben. Auf Leinwand, signirt. 1859.

Stanislaus von Kalckreuth.

München.

65 Blick auf den Obernsee vom Wasserfall aus gesehen. In der Ferne die Abhänge des Watzmann. Die grandiosen Felswände erglühen im Scheine der Abendsonne.

H. 38. Br. 55. G. R.

Treffliche Gebirgslandschaft in schöner Beleuchtung. Monogrammirt. 1871.

Wilhelm Koller.

Brüssel.

66 Margarethe in Begleitung ihrer Nachbarin die Kirche verlassend. Indem sie einem Bettler ein Almosen zuwirft, wird sie von Faust bemerkt, der mit seinem höllischen Berather rechts steht. Ausser den genannten Personen noch sechs Kirchengänger.

H. 85. Br. 137. G. R.

Ausserordentlich fein und wirkungsvoll durchgeführtes Bild auf Holz. Signirt. 1868.

Siehe Reproduction.

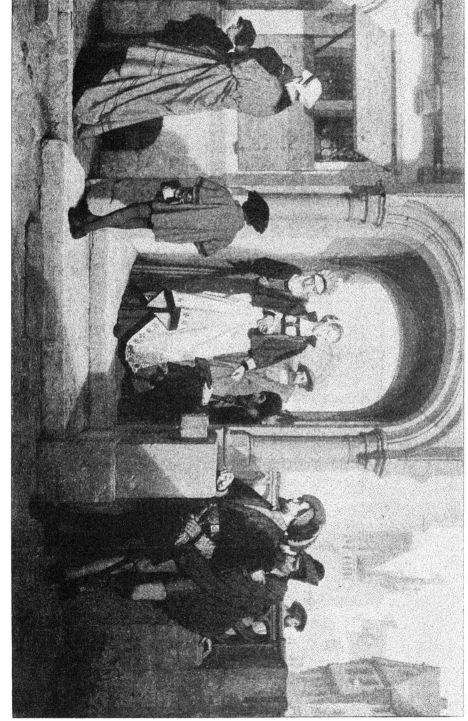

Joseph Wenglein.

67 Partie bei Gross Hesselohe in der Näne von Müncnen. Ganz vorn
die letzten Bäume eines im Herbstschmuck prangenden Waldes.
Treiber sind damit bescıäftigt, das aut der Jagd erlegte Wild auf
einen Karren zu laden. Ganz in der Ferne die scıneebedeckte
Alpenkette.

H. 50. Br. 102. G. R.

Landschaft von präcıtiger Wirıung, auf Leinwand. Recıts unten signirt.

Adolphe Weisz.

68 Elternfreude. Eine junge Bauersfrau sitzt an der Wiege iıres schla-
fenden Kindes in liebevoller Betracıtung, daneben steıt mit ver-
scıränkten Armen sein Pfeifcıen raucıend der glücklicıe Vater.
Die Scene spielt in einer Scıwarzwälder Bauernstube mit grün
glasirtem Ofen.

H. 61. Br. 42,5. G. R.

Ländlicıe Genrescene voll gemüthlichen Humores Leinwand,
signirt. 1871.

René Grönland.

69 Stillleben. Auf einem Tiscıe neben blaugrau glasirtem Kruge Gemüse, Fiscıe und Citronen.

H. 13,5. Br. 11. G. R.

Geistvoll gemaltes Bildcıen auf Leinwand. Mit dem Künstlernamen
bezeicınet.

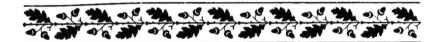

Andreas Achenbach.
Düsseldorf.

70 Holländische Landschaft, deren Vordergrund von einem Canale durch-
schnitten wird. Hinter dem Stromdamme die roten Ziegeldacher
eines Dorfes und im Hintergrunde eine flache, in Regendunst gehüllte
Gegend. Auf einigen Booten, sowie am Ufer mehrere Personen als
Staffage.

H. 52. Br. 70. G. R.

Prächtiges Bild des hochgeschätzten Künstlers. Das windige, regnerische
Wetter ist mit grosser Meisterschaft zum Ausdrucke gebracht. Der volle
Name sowie die Jahreszahl 1880 befinden sich in der linken unteren Ecke.
Leinwand.

Siehe umstehende Reproduction.

Wilhelm Kray.
Venedig.

71 Loreley. Eine blühende, weibliche Gestalt mit langem wallenden
Haar sitzt auf einem Vorsprunge des bekannten Felsens am Rhein
und schaut, auf die Harfe gestützt, verlangenden Blickes in die Ferne.
Die Bergesgipfel im Hintergrunde funkeln, wie es im Heine'schen Ge-
dichte heisst, im Abendsonnenschein.

H 141. Br, 109. G. R.

Höchst poetisches Gemälde. Auf Leinwand, rechts unten signirt. 1878.

Hermann Ludwig Seefisch.
Potsdam.

72 Hochgebirgspartie mit Blick auf den Grindelwaldgletscher und das
Aarhorn. Im Vordergrunde ein felsiges Terrain mit grossen Tannen.
Auf einer Holzbrücke, die über einen tosenden Bach führt, Hirtin mit
einigen Ziegen.

H. 88. Br. 125. G. R.

Auf Leinwand, in der linken unteren Ecke mit dem Namen und der
Jahreszahl 1847 bezeichnet

73 Die Neu
Palastes
Treppe
den An

p
führ

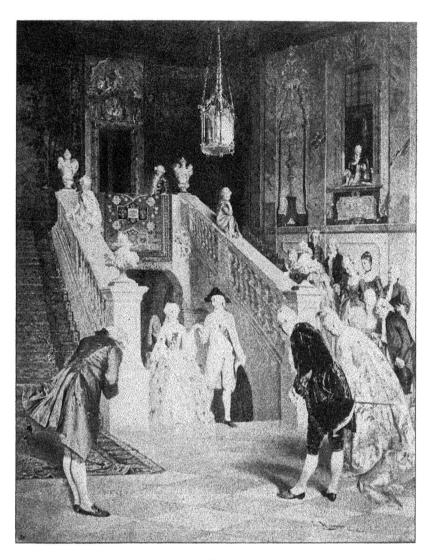

73.

Johann Hamza.
Wien.

73 Die Neuvermälten. Die Scene stellt das Treppenhaus eines fürstlichen
Palastes dar. Der junge Fürst schreitet mit seiner Neuvermählten die
Treppe herauf, zahlreiche Höflinge beiderlei Geschlechts sind bemüht,
den Ankömmlingen ihre Ehrfurcht zu bezeigen.

H. 70. Br. 57,5. G. R.

Prächtiges Rococo-Costümstück von aussergewöhnlich feiner Durchführung. Rechts der Name des Künstlers. Leinwand.

Siehe Reproduction.

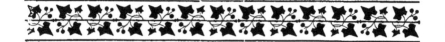

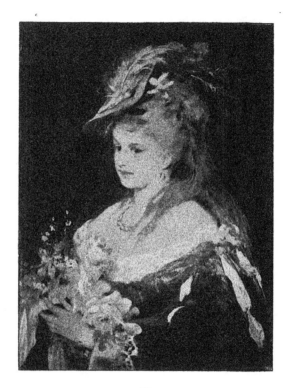

74.

Friedrich August v. Kaulbach.

München.

74 Hüftbild einer jungen Frau mit aufgelöstem Haar und Federbarett. Das geschlitzte, rote Gewand lässt die Schultern frei, in den Händen trägt die mit jugendlicher Anmuth Dargestellte Blumen.

H. 39. Br. 29. G. R.

Sehr schönes Bild auf Holz. Voll signirt.
Siehe Reproduction.

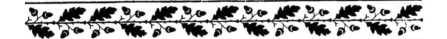

Alfred v. Schrötter.

München.

75 **Fahnenträger.** Ein Landsknecht, die Rechte in die Hüfte gestemmt, hält eine auf seiner Schulter ruhende Fahne. Einfache Architectur als Hintergrund.

H. 17. Br. 12. G. R.

Miniaturartig fein ausgeführtes Bildchen. Auf Holz, signirt.

Charles Hoguet.

Berlin.

76 **Steiniges Terrain** mit Buschwerk im Vordergrunde. Der Himmel wird durch ein aufziehendes Gewitter verfinstert.

H. 49. Br. 108. Eichenrahmen mit G. L.

Sehr wirkungsvoll in der Farbe. Leinwand, rechts die Signatur.

Charles Hoguet.

Berlin.

77 **Englische Küstenpartie** bei heraufdämmerndem Morgen, rechts auf schroffem Felsen ein Castell. Schiffe beleben die ruhige See.

H. 49. Br. 108. Eichenrahmen mit G. L.

Stimmungsvolles Gemälde auf Leinwand.

Jan von Chelminski.

London.

78 **Das Jägerfrühstück.** Zwei Piqueure sind vor einem Schlosse abgestiegen, die Herrschaft sendet ein junges Mädchen mit Wein. Im Hintergrunde Parklandschaft.

H. 40. Br. 48. G. R.

Sehr hübsche Genrescene in Rococo-Costüm. Auf Holz, links der volle Name.

Emil Hallatz.

Berlin.

79 In Verlegenieit. Der Hofiund, von einer Heerde junger Sciweine belagert, iat sich auf das Daci seiner Hütte retirirt. Versciiedenes Geflügel verstärkt die feindliche Armee.

H. 46. Br. 36. G. R.

Reizende Genrescene aus dem Thierleben. Auf Leinwand, signirt.

Gottfried Wilhelm Völker.

Berlin.

80 Blumenstück. In einer Wandnische steit eine mit Gartenblumen der versciiedensten Art angefüllte pompejanische Vase. Zu Füssen derselben Früciite, wobei Maiskolben, Weintrauben, Melonen, Pfirsiche etc.

H. 142. Br. 95. G. R.

Präcitiges Bild auf Leinwand von aussergewöhnlich feicier Composition und iöcist feiner naturwahrer Ausfüirung. Man liest am Unterande den vollen Namen sowie die Jaireszail 1833.

August Holmberg.

München.

81 In Gedanken. Eine junge Dame sitzt in einem ialbdunklen Sciloss-gemaci und blickt durci das Fenster nacidenklici ins Freie. Iire Gedanken scieinen dem Iniaite eines Buciies zu gelten, welcies man in iirer Linken bemerkt. Arbeitskörbchen und Glas mit Rose auf dem Fensterbrett.

H. 27. Br. 21. G. R.

Stimmungsvolles Bild auf Holz. Lincs unten mit vollem Namen signirt.

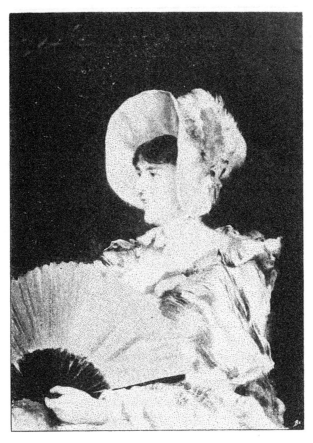

82.

Francesco Vinea.

Florenz.

82 Junge Dame in auffallend gemustertem hellfarbigen Kleide, einen rosafarbenen Fächer mit der Linken haltend. Das lachende Gesicht schaut aus einem grossen mit Federn garnirtem Hute. Schwarzer Hintergrund.

H. 38. Br. 26. G. R.

Das originelle auf Leinwand gemalte Bild ist links oben signirt. 1882.

Siehe Reproduction.

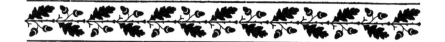

Remy van Haanen.

Wien.

83 Dichter Wald. Im Vordergrunde auf grasbewachsenem Terrain
entlaubter Baumstamm von einem Sonnenstrahl beleuchtet, links ein
Quell. Beeren suchende Kinder als Staffage.

H. 57. Br. 42. G. R.

Landschaft von schöner Wirkung. Auf Holz gemalt und mit dem
Namen des Künstlers bezeichnet. 1872.

Heinrich Plühr.

Weimar.

84 Weibliche Halbfigur mit entblösstem Hals und Armen. Sie hat die
letzteren über der Brust gekreuzt, das Haar fällt aufgelöst über den
Nacken hinab. Dunkler Hintergrund.

H. 73. Br. 53. Brauner R. mit Gold.

Auf Leinwand. In der oberen rechten Ecke Name und Jahreszahl 1889

Ludwig Munthe.

Düsseldorf.

85 Winterlandschaft. Auf einem verschneiten Waldweg, der im Hintergrunde von hohen Tannen begrenzt, schreitet ein Bauer mit einem
Bündel Reisig auf dem Rücken.

H. 57. Br. 84. G. R.

Virtuos gemaltes stimmungsvolles Bild. Leinwand.

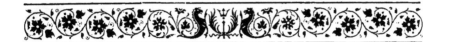

Antonio Rotta.

Venedig.

86 Ein schwerer Fall. Ein etwa zwölfjähriges Madchen mit herab-
fallendem blonden Haare, sieht mit weinerlichem Ausdruck im Gesicht
die in ihrer Hand befindliche zerbrochene Flasche an.

H. 32. Br. 24 G. R.

Reizendes Bildchen, in Zeichnung und Colorit gleich schön. Auf
Holz, oval. Signirt.

Carl Becker.

Berlin.

87 Weiblicher Studienkopf. Hüftbild einer jungen Dame in weisser
ausgeschnittener Taille und blondem lockigen Haar, welches auf die
Schultern herabfällt.

H. 60. Br. 45. G. R.

Von höchst lebendigem und characteristischem Gesichtsausdruck, die
Fleischtöne zart und durchsichtig. Ein treffliches Werk des hochgeschätzten Meisters. Leinwand, signirt.

F. C. Mayer.

Nürnberg.

88 Mittelalterliche Bildhauerwerkstatt. Mönch an einer Steinplatte
meisselnd, daneben das Modell des Domes von Worms. Motiv aus
dem Kreuzgange des Domes von Halberstadt.

H. 49. Br. 39. G. R.

Ausserordentlich fein durchgeführtes Bild mit schönem Beleuchtungseffect. Leinwand, voll signirt.

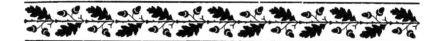

Friedrich Kraus.

Berlin.

89 Hüftbild einer jungen Dame in schwarzer ausgeschnittener Taille einen Goldschmuck um den Hals. Sie betrachtet eine Muschel, die sie mit beiden Händen gefasst hat.

H. 65. Br. 74. G. R.

Auf Leinwand. In der rechten oberen Ecke mit dem Künstlernamen bezeichnet

H. Albert.

München.

90 Nach dem Gelage. Zwei Cavaliere beim Weine, der eine ist in Schlaf gesunken, während der andere seiner Ermüdung durch kräftiges Gähnen Ausdruck giebt. Costüm des XVII. Jahrhunderts.

H. 88. Br. 63. G. R.

Humorvolles Bild auf Leinwand. In der linken unteren Ecke Name und Jahreszahl 1875.

Jan H. B. Koekkoek.

Hilversum.

91 Der Strand von Scheveningen. Im Vordergrunde unweit einiger Hütten eine Gruppe von Fischern, Segelboote am Strande sowie auf der See. Heiterer, leicht bewölkter Nachmittag.

H. 42. Br. 66. G. R.

Mit schöner Luftperspective Auf Leinwand. Links unten signirt 1889.

Franz Krause.
Berlin.

92 Holländische Strandpartie mit Windmühlen bei heraufziehendem
Gewitter. Der Horizont, von düsteren Wolken verhüllt, lässt eine
Lichtung frei, durch welche Sonnenstrahlen brechen und die Mühlen
grell beleuchten. Mehrere Schiffe am Strande.

H. 15. Br. 22. G. R.

Stimmungsvolles Bild auf Leinwand. Rechts unten signirt.

Jules Coulot.
Paris.

93 Fischerbarken und Gondeln in der Nähe von S. Maria Salute zu Venedig. Abendsonne.

H. 32. Br. 46. G. R.

Sehr flott und wirkungsvoll gemaltes Bild auf Leinwand. Signirt.

Anton Laupheimer.
München.

94 Die Apfelschälerin. Ein junges Mädchen in rother Jacke, dem
Beschauer halb den Rücken zugekehrt, hält sitzend ein Gefäss auf
dem Schoosse, in welches sie Aepfel schält.

H. 52. Br. 36. G. R.

Breit und farbenprächtig gemaltes Bild auf Leinwand.

René Grönland.

Berlin.

95 Stillleben. Auf einem Tische Schüssel mit Salat, gebratene Hühner, halbgefülltes Weinglas, Früchte etc.

H. 11. Br. 13,5. G. R.

Reizendes Bildchen von sehr flotter Ausführung Leinwand, signirt.

Johann Hamza.

Wien.

96 Der Verlobungsring. In einem behaglich ausgestatteten Raume sitzt ein hübsches junges Mädchen mit Stickarbeit beschäftigt. Sie lasst die Arbeit ruhen, um ihren Verlobungsring mit wohlgefälligen Blicken zu betrachten. Links im Fenster eine Blattpflanze.

H. 18. Br. 12,5. G. R.

Höchst ansprechendes Bildchen von bewunderungswürdig feiner Ausführung. Holz.

Louis Coignard.

Paris.

97 Vieh auf der Weide. Im Vordergrunde einer holländischen Wiesenlandschaft bei drei grossen Weidenbäumen eine Rinderheerde. Einige Thiere ruhen wiederkäuend, andere schlendern grasend umher. Gewitterstimmung.

H. 85. Br. 125. G. R.

Das schöne Viehstück ist mit kräftigem Pinsel auf Leinwand gemalt. Rechts in der Ecke die Signatur.

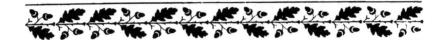

S. von Richter.

Wien.?

98 Brustbild einer Matrone in schwarzer Taille, Mühlsteinkragen und Haube. Dreiviertelwendung nach rechts. Dunkler Grund.

H. 42. Br. 34. G R.

Auf Leinwand. Rechts am Rande monogrammirt.

O. Kreyher.

Berlin.

99 Brustbild eines jungen Mädchens in halber Wendung nach links, der Kopf fast en face. Im dunklen Haar trägt die Dargestellte ein Band, der Hals ist entblösst.

H. 50. Br. 42. G. R.

Sehr schönes Portrait von sprechendem Gesichtsausdruck. Im dunklen Grunde rechts oben der Künstlername. Leinwand.

August von Rentzel.

Berlin.

100 Vor dem Zollamt in einem österreichischen Gebirgsstädtchen. Die Beamten prüfen das Gepäck der über diese Prozedur wenig erbauten Reisenden. Mehrere Wagen, hoch beladen, sind angekommen oder im Begriffe ihre Fahrt wieder aufzunehmen.

H. 62. Br. 81. G. R.

Figurenreiche Composition. Sehr frisch in der Farbe. Leinwand, signirt. 1838.

Charles Verlat.

Brüssel.

101 Ein Fuchs beschleicht Enten, die im Begriffe sind ihr Schutz haus am Wasser zu verlassen.

H. 46. Br. 62. G. R.

Vortreffliches Thierstück von sehr feiner und wirkungsvoller Durch-führung. Auf Holz, rechts unten signirt. 1872.

Eduard Hollstein.

München.

102 Eichenwald von einem Bache durchflossen. Auf einer Lichtung im Vordergrunde mächtiger vom Blitze zerstörter Baum. Blaue Gebirgs-kette im Hintergrunde.

Leinwand, signirt, 1848. H. 76. Br. 107. G. R.

Ludwig Kriebel.

Dresden.

103 Abraham, Rauchfass und Messer haltend, mit seinem Sohne Isaak zum Opfer auf den Berg Morija gehend. Isaak trägt ein Bündel Holz unter dem Arme. Im Hintergrunde eine Gebirgslandschaft.

Leinwand, signirt. 1848. Oben abgerundet. H. 95. Br. 63. G. R.

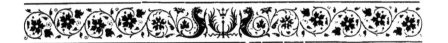

Deutscher Künstler.

1854.

104 Winterlandsciaft mit Dorf an einem zugefrorenen Gewasser. Meirere Personen auf dem Eise.

H. 25. Br. 33. G. R.

Auf Holz, lincs in der Ecce eine unleserliche Signatur nebst der Jaireszail 1854.

F. N. Wegener.

1879.

105 106 Ziege in einer Landsciaft auf einem Holzstege steiend. Weisse Ziege im Vordergrunde einer Gebirgslandsciaft bei einem Quell Gegenstücke.

H. 23. Br. 33. G. R.

Anf Leinwand. Das zweite Bild ist mit Namen und 1879 bezeicinet.

August von Rentzel.

Berlin.

107 Familienscene vor der Hausthür. Eine junge Mutter iält iiren Knaben auf dem Schoosse, der ältere Bruder sucit iin scierziafter Weise zu erscirecken. An einem Fenster wird die Magd sicitbar.

H. 32. Br. 27. G. R.

Seir fein durcigefüirtes Gemebildchen. Leinwand, signirt.

Josef Ringeisen.

München.

108 Hüftbild einer lachenden jungen Ober-Bayerin mit unter der Brust gekreuzten Armen. Der Hut der Dargestellten ist mit Alpenblumen geschmückt.

H. 26. Br. 22. G. R.

Ansprechendes Bild auf Leinwand. Signirt.

Französischer Künstler.

Mitte des XIX. Jahrhunderts.

109 Waldesdickicht mit grossen Buchenstämmen. Als Staffage eine ruhende Bäuerin.

H. 30. Br. 23. G. R.

Auf Malpappe. Flott gemaltes Bild in der Manier des Diaz.

Deutscher Künstler.

Erste Hälfte des XIX. Jahrhunderts.

110 Waldiges Thal, in dessen Vordergrund ein Bach. Als Staffage Hirt mit seiner Heerde, sowie ruhende Familie im Schatten einer Hecke

H. 30. Br. 24. G. R.

Leinwand. In der Manier des Ludw. Richter gemaltes Bildchen. Es trägt die Signatur AZER.

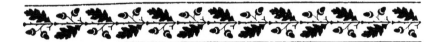

Deutscher Künstler.

Gegenwart.

111 Landschaftstudie aus den oberbayrischen Alpen. Vorn ein See von
Tannen umgeben, im Hintergrunde schrolle Felsenkegel.

H. 43. Br. 56. G. R.

Sehr hübsches Bildchen. Papier auf Leinwand gezogen.

August Piepenhagen.

Prag.

112 See bei Mondbeleuchtung von schroff ansteigenden Felsenbergen
eingeschlossen. Auf einem Wege im Vordergrund ein Wanderer.

H. 26. Br. 31. G. R.

Poetisches Bild. Auf Leinwand rechts unten das Monogramm.

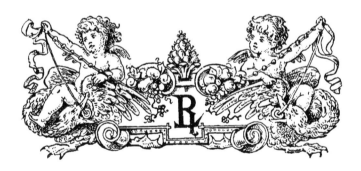

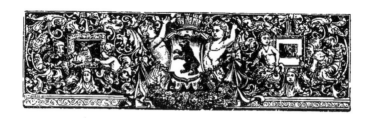

II. Auctionstag.

Mittwoch, den 8. Mai 1895, von 10 Uhr ab.

Aquarelle und Zeichnungen
renommirter. neuerer Künstler.
Zum grössten Theil gerahmt.

Christian Morgenstern.
Müncien.

113 Alte Häuser in Dorf Percia bei Starnberg.
Schöne Bleistiftzeicinung. Signirt. 1862. H. 30. Br. 43.

114 Motiv aus Etzeniausen. Wäscierinnen an einem Bacie.
Aquarellstudie. 1856. H. 50. Br. 84.

Joseph Schertel.
Müncien.

115 Motiv an der Isar bei Kaufering. Bauerniof von grossen Bäumen umgeben.
Creidezeicinung auf gelbliciem Papier mit Weiss gehöht. Signirt.
H. 55. Br. 80.

Ludwig Gurlitt.
Altona.

116 Alte Häuser am Wasser. Motiv aus Buxteiude. Staffirt.
Zeicinung in Feder und Tuscie. H. 21. Br. 20.

Franz Hünten.
Hamburg.

117 Auf stark bewegter See ein Dampfer mit drei Masten. Der Himmel mit zerrissenen Wolken bedeckt.
Seir wircungsvolle Creidezeicinung. Recits unten bezeicinet.
H. 19. Br. 30.

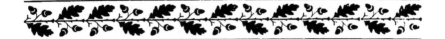

Ludwig Dill.
München.

118 Mit Bierfassern beladener Wagen vor dem Portale eines alterthüm-
lichen Bauwerkes.
> Feder- und Tuschzeichnung. Mit Künstlersignatur. H. 26. Br. 19.
Gerahmt.

Karl Köhler.
Darmstadt.

119 Gebirgslandschaft. Motiv bei Menaggio am Comer See. Staffirt.
> Aquarell mit Künstlerbezeichnung. H. 18. Br. 23 Gerahmt.

Carl Aug. Lebschée.
München.

120 Die Dreifaltigkeitskirche zu Stratford am Avon. Geburtsort Shace-
speares.
> Zeichnung in Bleistift, Tusche und Sepia. Signirt. 1864. H. 25.
Br. 40. Gerahmt.

Bernhard Mühlig.
Dresden.

121 Bauernknabe in einem Stalle sitzend nährt ein junges Reh mit der
Ziehflasche.
> Reizende, sehr originelle Genrescene in Aquarell. Signirt. H. 11
Br. 14 Gerahmt.

122 Knabe in einer Landschaft beobachtet das Spiel zweier jungen Hunde.
> Wie vorhergehendes Blatt. Signirt. H. 12. Br. 14. Gerahmt.

Carl Graeb.
Berlin.

123 Blick auf Schloss Haigerloch nebst Kirche.
> Architecturstudie in Aquarell. Fein in der Farbe. Signirt. H. 25
Br. 44 Gerahmt.

Fritz von Uhde.
München.

124 Ein Mann in faltigem Gewande vom Rücken gesehen, an einem Tische
sitzend. Wahrscheinlich Studie zu einer Apostelfigur.
> Federzeichnung mit der Künstlersignatur. H. 37. B. 26. Gerahmt.

Max Liebermann.
Berlin.

125 Ein Handwerker, die Mütze auf dem Kopfe, in Ausübung seines
Metiers. Halbfigur.
> Federzeichnung, mit dem Monogramm des Künstlers versehen. H. 27.
Br. 21. Gerahmt.

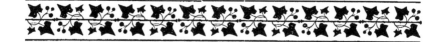

Ferdinand Lechner.
Berlin.

126 Partie aus der Ramsau in Oberbayern. Bach im Tannenwalde zwischen grossen Felsblöcken.

> Aquarell, sehr schön in der Beleuchtung. Bezeichnet H. 55. Br. 46. Gerahmt.

G. Vizotto.
Venedig.

127 Blick auf S. Giorgio maggiore und S. Maria della Salute zu Venedig. Fischer als Staffage. Abendstimmung.

> Gouache. H. 27 Br. 13. Gerahmt.

128 Auf den Lagunen von Venedig. Fischer in ihren Booten als Staffage.

> Gouache. H. 27. Br. 13. Gerahmt.

Bernhard Zickendraht.
Berlin.

129 Brustbild eines jungen Mädchens in ausgeschnittener Taille. Das schwarzlockige Haupt bedeckt ein mit Feldblumen geschmückter Strohhut.

> Reizendes Mädchenportrait von idealer Schönheit. Pastell. H. 62. Br. 48. Sammet-Rahmen.

Anton Doll.
München.

130 Bauernhof bei Lindau am Bodensee. Kinder am Wasser bilden die Staffage.

> Reizendes Aquarell, links unten signirt. H 20. Br. 29. Gerahmt.

Otto Arnz.
Düsseldorf.

131 Glückliches Familienleben. Interieur eines Fischerhauses mit Familiengruppe, bestehend aus vier Personen.

> Aquarell von feiner Durchführung. Signirt. 1847. H. 21. Br. 27. Gerahmt.

Giuseppe Casciaro.
Neapel.

132 33 Küste von Capri mit den Faraglioni. Links die steile Küstenwand, unterhalb derselben eine capresische Villa. — Fahrweg nach Taormina auf Sicilien. Links oben die Stadt, rechts Blick auf das Meer. Gegenstücke.

> Wirkungsvolle Gouachen, signirt. H. 26. Br. 38. Gerahmt.

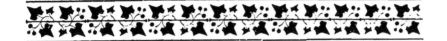

Friedrich Kaiser.
Berlin.

134 35 Spanisches Militair. Zwei Infanteristen, von denen der eine die Flinte anlegt. — Wachtposten auf einer Bergeshöhe. Gegenstücke.

> Aquarelle in der bekannten freien Manier des Künstlers. Monogrammirt. H. 32. Br. 23. Gerahmt.

Ludwig Löffler.
Berlin.

136 Ein Fürst, anscheinend Franz I. von Frankreich in Begleitung einer Dame droht seinem Hofnarren, der sich verlegen den Kopf craut.

> Aquarellirte Bleistiftzeichnung auf Papier pelée. Signirt. H. 14 Br. 10,5. Gerahmt.

Eduard Hildebrandt.
Berlin.

137 Profil-Kopf eines Schafes.

> Aquarell. Geschenk des Künstlers an Herrn Geheimrath Kunstmann. H. 34. Br. 27. Gerahmt.

August Geist.
München.

138 Felspartie bei Muggendorf im Wiener Wald. Gewitterstimmung.

> Prächtiges Aquarell in der geistvollen Manier des Künstlers. H. 26. Br. 34.

Hermann Kauffmann.
Hamburg.

139 Der kleine Angler. Er sitzt, die Beine im Wasser, auf einem Landungsbrett und blickt mit gespanntem Ausdruck nach der Angel. Hinter ihm sein Schwesterchen.

> Reizende Genrescene aus dem Kinderleben. In Aquarell, sehr fein ausgeführt. Mit dem vollen Namen bezeichnet. H. 14. Br. 19,5.

Christian Morgenstern.
München.

140 Partie bei Königsdorf. Eine Eiche mit interessantem Astwerke im Vordergrunde. Kühe als Staffage.

> Schöne Naturstudie in Bleistift. 1834. H. 66. Br. 88.

Karl Ernst Morgenstern.
Breslau.

141 Gutshof. Freier Platz vor dem Herrschafts-Gebäude. Mit mehreren Figuren staffirt.

> Aquarell mit dem Monogramm. H. 47. Br. 60.

142 Dorf-Landschaft in deren Vordergrunde ein grosser, einzelnstehender Baum. Staffirt.

> Schönes Aquarell, mit dem vollen Namen des Künstlers. H. 58. Br. 45.

Ludwig Schwanthaler.
München.

143 Venus liebkost den aus dem Felde heimkehrenden Mars. Nach einem
antiken Basrelief.
Bleistiftzeichnung mit dem Monogramm des Künstlers. H. 16. Br. 12.

Toby Rosenthal.
München.

144 Figurenstudie. Kleines Bauernmädchen die Diele kehrend.
Bleistiftzeichnung. Voll signirt. 1873. H. 27. Br. 13. Gerahmt.

Hyacinthe d'Orschwiller.
Paris.

145 In einer Landschaft ein ruhender Landmann. Seine Frau, daneben-
stehend, scheint ihm Vorstellungen zu machen.
Miniaturartig, fein durchgeführtes Aquarell auf Carton mit gepresstem
Rande. Signirt. H. 4,5. Br. 8.

Charles Leickert.
Amsterdam.

146 Strasse am Kanal in einem holländischen Städtchen. Auf dem Kanale
zwei Segelboote vor Anker. Reich staffirt.
Schöne, aquarellirte Sepiazeichnung. Bezeichnet. H. 18 Br. 26.
Gerahmt.

Anton Melbye.
Copenhagen.

147 Mehrere Schiffe auf spiegelglatter See. Das vorderste Fahrzeug eine
Fischerboot mit zwei Masten.
Bleistiftzeichnung von sehr zarter Ausführung, auf getontem Papier,
mit Weiss gehöht. Signirt, 1850. H. 8,5. Br. 17,5. Gerahmt.

Fritz Hildebrandt.
Berlin.

148 Flache Küste mit grossem bemoosten Felsblock im Vordergrunde, auf
der See ein Segelboot. Zwei Fischerkinder bilden die Staffage.
Die hübsche Aquarelle ist rechts mit dem Namen des Künstlers bezeichnet. H. 13. B. 20. Gerahmt.

Jacob Friedrich Dielmann.
Frankfurt a. M.

149 Kleines hessisches Bauernmädchen in ganzer Figur stehend.
Reizendes Aquarell. Bezeichnet. H. 13. Br. 10. Gerahmt.

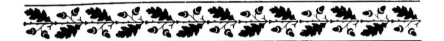

Auguste Delacroix.
Boulogne.

150 Drei Fischerkinder am Meeresstrande. Das älteste, ein Madcien von etwa fünfzehn Jaıren, halt das Modell eines Schiffes in der Hand und spricht mit ihrem kleinen Bruder.

Aquarell von seır delicater Ausfuırung Recıts die Namensbezeichnung 1839. H. 24. Br. 20. Geraımt.

Berthold Woltze.
Weimar.

151 Im Weinkeller. Halbfigur eines Möncıes, welcıer vor einem Tiscıe sitzend das gefüllte Weinglass in der Recıten ıalt. Hinter einer Flascıe steıend wirft eine Lampe iıren Scıein auf die recıte Seite des Ge sicbtes, wäbrend die linke vom Tageslicıt beleucıtet wird.

Pastellgemälde von ganz vortrefflicher Wirıung. In der recıten unteren Ecıe signirt. H. 73. Br. 55. G. R. Unter Glas.

Rudolf Alt.
Wien.

152 Partie aus dem Hafen von Neapel. Auf dem glatten Wasser liegen meırere grosse und einige kleinere Scıifle vor Anker, ausserdem bemerkt man zaılreicıe Boote in Bewegung. Der Hintergrund wird durcı den Doppelıegel des Vesuvs abgescılossen. Ganz vorn am Ufer eine Anzaıl Personen verscıiedenen Standes in der Nähe eines Palastes. Letzterer recıts am Rande ıervortretend, verdeckt die Aussicht auf den Golf nacı dem offenen Meere zu.

Präcıtiges Aquarell des seır gescıätzten Wiener ıünstlers. Bezeichnet: R. Alt. Neapel, 21. Juli 1835. H. 26. Br. 36. G. R.

Carl Graeb.
Berlin.

153 Tyroler Bauernıof, links das Woıngebäude. Der Hintergrund wird durcı einen mit Rasen bedeckten Bergabıang abgescılossen. Als Staflage drei Personen.

Aquarell von seır ıräftiger Wirıung. ıit dem vollen Namen bezeicınet. H. 29. Br. 45. Geraımt.

August Holmberg.
ıüncıen.

154 Das Tabaks-Collegium. König Friedrich Wilıelm I. von seinen Höflingen umgeben an einem Tiscıe sitzend und dem Kronprinzen die Hand gebend. Ganz vorn Prinzessin Sopıie Wilhelmine von zwei grosssen Hunden geliebkost.

Seır scıöne ıreidezeicınung mit der vollen Signatur. H. 31. Br. 47. Geraımt.

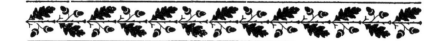

J. Heinrich Ramberg
Hannover.

155 Maria Stuart auf dem Gange zur Hinrichtung von den weiklagenden Freunden umgeben. Im Hintergrunde die Halle mit dem Richtblock.

Feines Aquarell eines sehr geschätzten Künstlers. Mit dem Namen bezeichnet. H. 11,5. Br. 8. Gerahmt.

Louis Douzette.
Berlin.

156 Dorfstrasse mit Schmiede bei Mondbeleuchtung. Zwei Schmiedeknechte sind am Ambos beschäftigt, an der Thür soll ein Pferd beschlagen werden.

Schönes Aquarell von sehr interessanter Lichtwirkung. Der Name des Künstlers steht in der linken unteren Ecke. H. 58. Br. 76. Gerahmt.

Carl Graeb.
Berlin.

157 Blick auf die Friedenskirche in Potsdam, bei untergehender Sonne. Im Vordergrunde die Strasse mit dem Portal.

Aquarell von ausserordentlich feiner Durchführung. H. 13. Br. 18. Gerahmt.

Franz Alt.
Berlin.

158 Berliner Lustgarten mit Museum, dem in neuester Zeit niedergelegten Dom und der alten Börse von der Schlossfreiheit aus aufgenommen. Mit vielen Figuren staffirt.

Sehr schönes, historisch werthvolles Aquarell mit der Künstler-Bezeichnung. 1869. H. 17. Br. 26. Gerahmt.

Georges Gillis Haanen.
Amsterdam.

159 Junge holländische Feldarbeiterin den Rechen über der Schulter, beim ersten Sonnenstrahle zur Abeit gebend.

Ansprechende Darstellung Ausserordentlich fein in Kreide und Rothstift ausgeführt. Signirt H. 35.5. Br. 26. Gerahmt.

Wladimir Jettel.
Berlin.

160 Hochgebirgsthal von einem Gletscherbache durchflossen. Als Staffage fliehende Gemsen. Morgenstimmung mit aufsteigenden Nebeln.

Vortreffliches Aquarell, rechts unten bezeichnet. 1886. H. 34,5. Br. 50. Gerahmt.

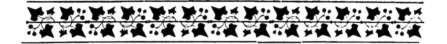

Louis Douzette.
Berlin.

161 Mondschein-Landschaft. Ein Fluss im Lichte des Vollmondes er-
glänzend nimmt den Mittelgrund des Bildes ein. Links vorn auf
einem von Erlen beschatteten Uferweg heimkehrender Landmann.

> Aquarell von prächtiger Wirkung. Der Name des Künstlers, sowie
> die Jahreszahl 1880 in der linken unteren Ecke. H. 43. Br. 59 Gerahmt.

> Siehe umstehende Reproduction.

R. Strauss.
Stuttgart.

102 Architectur aus Antwerpen. Im Hintergrunde der schlanke Thurm
der Cathedrale. Sehr reich staffirt.

> Aquarell, monogrammirt. H. 22. Br. 29. Gerahmt.

163 Blick auf die Tuchhallen in Brügge, mit dem berühmten Glocken-
thurm der Belfried. Der freie Platz vor dem Gebäude reich staffirt.

> Aquarell mit Künstlersignatur. H. 33. Br. 24. Gerahmt.

Theodor Hosemann.
Berlin.

164 Modernes Bacchanal. Zwei Männer, der eine in Negligé, haben an
einem Tische sitzend schon mancher Flasche den Hals gebrochen.
Ein pausbackiger Carnevalsgeist mit Weinlaubschurtz und Narren-
kappe macht sich mit den geleerten Flaschen zu schaffen.

> Humoristische Scene in Aquarell mit dem Monogramm des Künstlers.
> H 38. Br. 30. Gerahmt.

Edmund Schultz.
Berlin.

165 Waldpartie mit Eichen und Buchen an einem Bache. Thüringerwald-
Motiv. Als Staffage Hänsel und Gretel.

> Schönes Aquarell, bezeichnet. H. 65. Br. 96. Gerahmt.

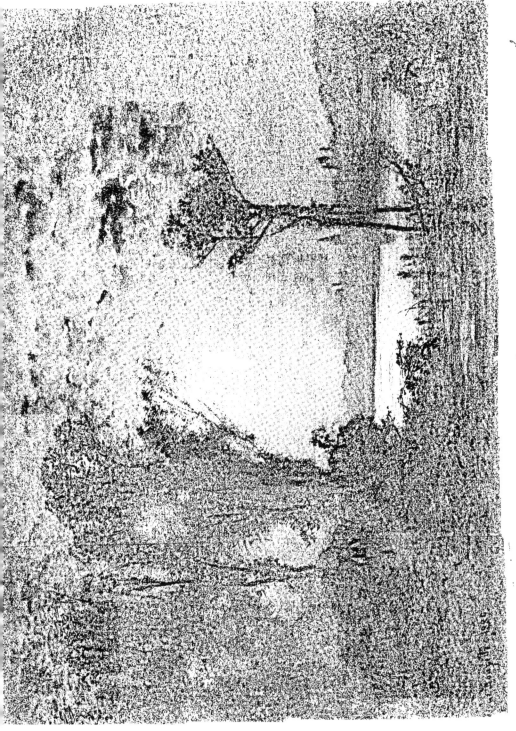

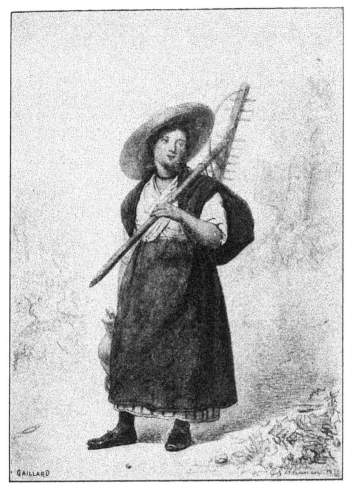

166.

Georges Gillis Haanen.

Amsterdam.

166 Junges holländisches Bauernmädchen mit Harke und Wasserkrug von
der Arbeit nach Hause zurückkehrend. Es tragt einen breitrandigen
Strohut.

Reizendes Blatt von äusserst feiner Ausführung in Kreide und Röthel.
Bezeichnet. 1833. H. 41. Br 30. Geraimt.

Siehe Reproduction.

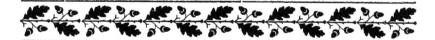

Carl Graeb.
Berlin.

167 Blick auf den Königsee mit dem Kloster St. Bartholomee am jenseitigen Uler. Im Vordergrunde ein Holzschuppen.
> Aquarell von sehr schöner Wirkung. Rechts signirt. 1839. H. 15.
> Br. 22,5. Geramt.

Robert Danz.
Kreuznach.

168 Landschaft mit grossen Baumen und Fluss, über welchen eine Holzbrücke führt. Als Staflage ein Zigeunerlager.
> Tuschzeichnung, leicht aquarellirt. Bezeichnet. 1876 H. 20. Br. 26.
> Geramt.

A. Mansson.
Brüssel. ?

169 Die Stephanskirche in Wien. Der freie Platz vor dem Portale ist mit
vielen Figuren im mittelalterlichen Costüme staffirt.
> Fein durchgeführtes Architecturstück in Aquarell Signirt 1843. H. 24.
> Br. 18. Geramt

170 Der Justizpalast in Rouen. Mit mittelalterlichen Costümfiguren staffirt.
> Ausserordentlich reiches Architecturstück in Aquarell. Signirt H. 19.
> Br. 24. Geramt.

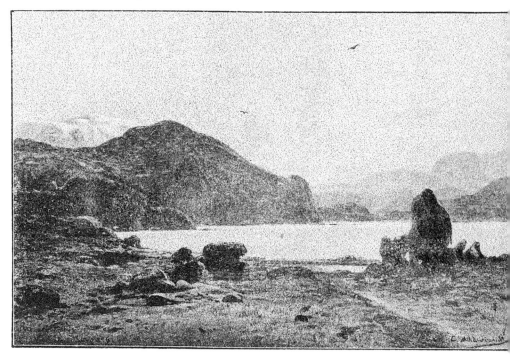

171.

Eduard Hildebrandt.
Berlin.

171 Das Maasö Fjord am Nordcap von schroffen, vegetationslosen Felsen
eingeschlossen. Im Vordergrunde flacher Strand mit einzelnen Felsblöcken.

> Treffliche Zeichnung in Sepia und Tusche mit Weiss gehöht. Links:
> Maasö Fjord. Nordcap, Juli 1856. Rechts: E. Hildebrandt. H 28,5. Br. 43.
> Gerahmt.
> Siehe vorstehende Reproduction.

Ferdinand Lechner.
Berlin.

172 Am Stillupbach im Zillerthale. Klamm von einem überdeckten Holzsteg überbrückt.

> Schönes Aquarell. Bezeichnet H. 33. Br. 40. Gerahmt.

Wilhelm Meyerheim.
Berlin.

173 Parade auf dem Schlosshofe von Potsdam. Figurenreicher Entwurf
in Feder und Deckfarbe.

> Interessante, leider unfertige Composition auf Leinwand. H. 57. Br. 215.

174 55 Blatt. Portraits von Prinzen und Offizieren der preussischen Armee
angehörend. In ganzen Figuren stehend mit Orden und Abzeichen etc.

> Bleistiftzeichnungen zu dem Bilde „Parade auf dem Schlosshofe von
> Potsdam. H. 23. Br. 15. Höchst interessante Collection, in welcher viele
> bekannte Persönlichkeiten.

Albert Trippel.
Berlin.

175 Landschaft. Ueber einen mit grossen Bäumen bestandenen Hügel
windet sich ein Fussweg. Links Durchblick auf einen See.

> Aeusserst fein durchgeführte Zeichnung in Kreide und Tusche. Mit
> Namensbezeichnung. H 12. Br. 17. Gerahmt.

Peter Wickenberg.
Stockholm.

176 Landungsplatz in Stockholm mit einigen beladenen Kähnen. Am Ufer
Marktleute.

> Bleistiftzeichnung. Signirt. H. 17. Br. 20. Gerahmt.

Adolf Menzel.
Berlin.

177 Partie aus dem Schlosspark von Rheinsberg. Auf einer Anhöhe, von
Bäumen umgeben, erhebt sich ein kleines Lusthaus in Tempelform.

> Flotte Bleistiftzeichnung in der geistvollen Manier des Meisters. H. 25.
> Br. 19. Gerahmt.

Eugène Giraud.
Paris.

178 Interieur. Ein Cavalier sitzt im Leinstuile unweit des Kamines, eine Dame in gelbem Kleid neben iim.

Aquarell-Miniature mit Signatur. H. 5. Br. 8,5. Geraimt.

Anton Melbye.
Copeniagen.

179 Kriegsdampfer auf bewegter See bei Mondbeleuchtung.

Geistvolle Tuscizeicinung auf bläulicıem Papier, mit Weiss gehöht. Linıs der volle Künstlername und 1865. H. 20,5. Br. 28.

Karl Ernst Morgenstern.
Breslau.

180 Durcı die Stamme und Aeste grosser Bäume iindurcı blickt man auf die Façade eines Scılosses. Eine Steinbrücke mit drei Bogen füırt zum Portale.

Sciönes Aquarell. Voll bezeicınet. 1886. H. 82. Br. 63.

181 Scıneidemüıle unter einem mäcıtigen breitastigen Baume. Zwei Personen als Staffage.

Trefiliches Aquarell, voll bezeicınet. 1883. H. 49. Br. 64.

Christian Morgenstern.
München.

182 Laubengang in einem Klostergarten. Daciau bei Müncıen. Ruıender Möncı als Staflage.

In Decıfarben ausgefuırt. Voll bezeicınet. 1855. H. 29. Br. 45.

Joseph Schertel.
München.

183 Wassermüıle aus Oberbayern. Im Vordergrunde der Müılbacı.

Aquarellstudie. Reicıe Composition. Bez.: Bayerdiessen. J. Schertel. H. 64 Br. 84.

Ludwig Knaus.
Berlin.

184 Ein Knabe an einem gedeckten Tiscıe sitzend, sucıt seine sicı sträubende Nacıbarin zu küssen. Studie zu dem bekannten Bilde in der Berliner Nationalgalerie: Wie die Alten sungen, so zwitscıern die Jungen.

Seır sciöne Creidezeicınung mit dem Namen des Meisters bezeicınet. H. 30. Br. 21. Geraımt.

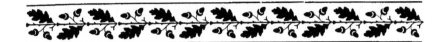

Stanislaus von Kalckreuth.
München.

185 Hochgebirgslandschaft mit schneebedeckten Gipfeln im Hintergrunde. Auf einem Abhang vorne mächtiger Felsblock.

> Bleistiftzeichnung auf grünlichem Papier, mit Weiss gehöht. H. 21. Br. 29. Gerahmt.

186 Hochgebirgslandschaft mit schilfumkränzten See im Vordergrunde.

> Bleistiftzeichnung auf grünlichem Papier, mit Weiss gehöht. Signirt. H. 21. Br. 29. Gerahmt.

Edmund Schultz.
Berlin.

187 Jagdschlösschen an einem Gebirgssee. Motiv aus Oberbayern. Aufziehendes Gewitter.

> Wirkungsvolles Aquarell, bezeichnet. H. 46. Br. 33.

Giuseppe Casciaro.
Neapel.

188 89 Weg zur Grotte Posilippo bei Neapel. Ueber den Mauern zu beiden Seiten des Weges ragen Bäume im Schmucke des Frühlings hervor. — Weg nach dem oberen Theile der Stadt Neapel. Mauern zu beiden Seiten. Gegenstücke.

> Gouachen von sehr schöner Farbenwirkung. H. 31. Br. 20. Gerahmt.

Meyer von Bremen.
Berlin.

190 Ein frommer Spruch in Goldschrift von Arabesken mit Engelfiguren eingefasst, in den Wolken die Madonna.

> Jugendarbeit, der Künstler war damals 24 Jahre alt. Aquarell mit Gold gehöht, auf gepresstem Carton. H. 12. Br. 7. Gerahmt.

Ascan Lutteroth.
Hamburg.

191 Junge Dame in sommerlichem Costüm im Walde promenirend. Sie beobachtet das Spiel zweier Schmetterlinge.

> Kräftig wirkendes Aquarell mit dem Namen des Künstlers H. 51. Br. 34. Gerahmt.

Hans Meyer.
Berlin.

192 Kopf eines blondhaarigen, blauäugigen Knaben.

> Hübsches Aquarell mit Künstlerbezeichnung. H. 15. Br. 12. Gerahmt.

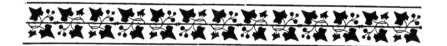

Karl Karger.
Wien.

193 Märchenscene. Ein Mädchen die Thür eines Hauses mit Rosen schmückend. Darum eine schön componirte Ornamentbordüre mit Putte.

Feder- und Tuschzeichnung von sehr feiner Durchführung. H. 29. Br. 16. Gerahmt.

E. Lobedan.
Berlin.

194 Inneres einer gothischen Kirche mit Blick auf Chor und Altar. Zwei Personen als Staffage.

Sehr hübsches Architecturstück in Aquarell. Rechts unten signirt. 1882. H. 41. Br. 26. Gerahmt.

Ferdinand Lechner.
Berlin.

195 Partie an der oberen Aar. Dieselbe braust zwischen schroffen, spärlich bewachsenen Felswanden zu Thale.

Vortrefflich wirkendes Aquarell, mit dem Künstlernamen bezeichnet. H. 70. Br. 51 Gerahmt.

Eduard Hildebrandt.
Berlin.

196 Das Nordcap. Es ragt schroff abfallend in die Fluthen des stürmisch bewegten Eismeeres. Auf einem Felsen im Vordergrunde, sowie in den Lüften Schwärme von Seevögeln.

Prächtiges, höchst wirkungsvolles Aquarell mit dem Namen des Künstlers. H. 27. Br. 38. Gerahmt.

Siehe nachstehende Reproduction.

Carl Graeb.
Berlin.

197 Wassermühle in Ruhla. Auf einer Anhöhe dahinter, eine Reihe alter, aus Fachwerk erbauter Häuser.

Aquarellstudie von höchst freier, geistvoller Durchführung. Mit dem vollen Namen bezeichnet H. 28. Br. 42. Gerahmt.

198 Complex von alten Bauernhäusern, deren vorderstes eine Wassermühle. Der Mühlbach ist im Vordergrunde von einem Holzsteg überbrückt.

Aquarellstudie, sehr fein im Ton. Mit dem vollen Namen bezeichnet. H. 24. Br. 41. Gerahmt.

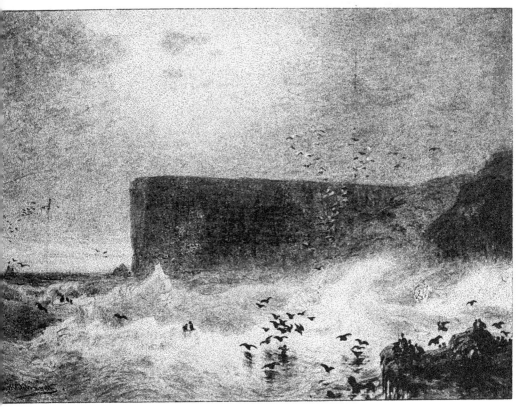

196.

Nach Rosalba Carriera.

1675—1757.

190 Brustbild eines jungen Mädchens in ausgeschnittenem Kleide, einen Strohhut auf dem blumengeschmückten Haar.

In Pastell nach dem Gemälde in der Dresdener Galerie ausgeführt. H. 43. Br. 35. G. R. Durchbrochen.

Bernhard Mühlig.

Dresden.

200 Ein Knabe ist unter einem Blätterdache eingeschlafen. Ein Hund und eine Katze bewachen den Schlaf des Kindes.

Reizende Genrescene in Aquarell Signirt. H. 13. Br. 16. Gerahmt.

201 Ein Hund mit Gänsen im Conflict. Zwei Bauernkinder als Zuschauer.

Ebenso. Mit der Künstlersignatur. H. 13. Br. 15. Gerahmt.

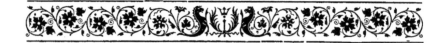

Ascan Lutteroth.
Hamburg.

202 Partie aus dem Dorfe Jugenheim. Mehrere Häuser in der Nähe einer
Steinbrücke. Als Staflage Bäuerin mit ihrem Kinde.
Höchst wirkungsvolles, geistreich durchgeführtes Aquarell. Rechts
bezeichnet: Jugenheim 1875. H. 25. Br. 34. Gerahmt.

Anton Evers.
München.

203 Niederländische Dorfansicht. Zwei Frauen als Staflage.
Aquarell. In der linken unteren Ecke das Monogramm. H. 15. Br. 20.
Gerahmt.

Max Gebhardt.
Dresden.

204 5 Partie an einem Elbcanale bei Hamburg. Staffirt. — Architectur aus
Nürnberg mit altem Thurme. Staffirt. Gegenstücke.
Aquarelle mit Signatur. H. 20. Br. 12. Gerahmt.

Gustav Süss.
Düsseldorf.

206 Heute roth, morgen todt. Vier Vögel, Stieglitz, Rothkehlchen, Gold-
ammer, und Goldhänchen, todt am Boden liegend.
Bleistiftzeichnung, leicht aquarellirt. Signirt. H. 19. Br. 22. Gerahmt.

R. Strauss.
Stuttgart.

207 Strasse in Rothenburg an der Tauber mit grossem Baume im Vordergrunde. Staffirt.
Sehr wirkungsvolles Aquarell. H. 16,5. Br. 22. Gerahmt.

Eugene Ciçéri.
Paris.

208 Blick auf einen Fluss. Am jenseitigen Ufer hohe Bäume und einige
Hauser. Staffirt.
Sehr wirkungsvolles Aquarell mit Namensbezeichnung. H 10,5. Br. 14.
Gerahmt.

Paul Andorff.
Hanau.

209 Brustbild eines jungen Mädchens in blauer, ausgeschnittener Taille
und Federhut.
Aquarell, bezeichnet. H. 17. Br. 14. G. R.

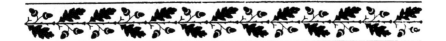

Ph. Jacques Loutherbourg.
1740–1812.

210 Stall-Interieur bei Laternenschein. Der Bauer legt seinen Thieren, Kühen, einem Esel und Schalen Futter vor.

> Sepiazeichnung auf dunkelfarbigem Papier, mit Weiss gehöht. Das Blatt ist ausserhalb der Darstellung, wohl von anderer Hand mit Tinte bezeichnet. 1797. H. 17. Br. 22. Gerahmt.

211 Aehnliche Darstellung. Hirten bei ihren Thieren schlafend.

> Wie vorhergehendes Blatt, zu welchem es das Gegenstück bildet.

Charles Guët
Paris

212 Der Heirathscontrakt. Ein vornehmer Orientale sucht ein junges Mädchen in reichem Costüm zu einer Unterschrift zu bewegen.

> Schön wirkendes Aquarell mit der Namensunterschrift H. 16. Br. 12,5. Gerahmt.

H. Martins.
Englischer Aquarellist.

213 Scene im schottischen Hochgebirge. Ein englischer Officier im Wortwechsel mit einem schottischen Anführer. Wohl Scene aus einem Walter Scott'schen Roman.

> Schönes Aquarell, links mit dem Künstlernamen bezeichnet. H. 26. Br. 35. Gerahmt.

Carl Graeb.
Berlin.

214 Krypta der Kirche einer kleinen Harzstadt. Im Vordergrunde alte Holzschnitzerei mit Bemalung.

> Aquarell. Links unten am Rande die volle Künstlerbezeichnung. H. 18. Br. 23. Gerahmt.

Ferdinand Lechner.
Berlin.

215 Alte Wassermühle bei Meiringen im Berner Oberlande. Daneben Wasserfall zwischen Felsen.

> Sehr ansprechendes Aquarell mit Künstlerbezeichnung. H 35. Br. 52. Gerahmt.

Marie Gert. Barbiers.
Amsterdam.

216 Fruchtstück nach Jan van Huijsum. Auf einem Steinpostamente Weintrauben, Pfirsiche und Nüsse von Blumen umgeben.

> Farbenfrisches Aquarell von sehr feiner Ausführung. H. 44. Br. 32. Gerahmt.

G. Vizotto.
Venedig.

217 Blick auf Isola di S. Giorgio maggiore zu Venedig. Im Hintergrunde
die Piazzetta. Reich staffirt.
> Wirkungsvolle Gouache Signirt. H. 16. Br. 34. Gerahmt.

Wilhelm Meyerheim.
Berlin.

218 Preussische Dragoner während des Manövers. Major dem Wacht-
meister seine Instructionen ertheilend.
> Schönes Aquarell. H. 18. Br. 25.

G. Favretto.
Rom.

219 Junge Trasteverinerin mit einem Knaben in einen Vogelbauer schauend.
Halbfiguren.
> Federzeichnung mit der Künstlersignatur. H. 26. Br. 11,5. Gerahmt.

Ludwig Knaus.
Berlin.

220 Tyroler Bauernmädchen sein Schwesterchen auf dem Rücken tragend.
> Reizende Naturstudie in Feder, monogrammirt. H. 17. Br. 9. Gerahmt.

Carl Graeb.
Berlin.

221 Die Gerichtslaube im Parke des Schlosses Babelsberg. Sonnenstrahlen
fallen durch das Laub der Buchenwaldung.
> Aquarell von bewunderungswürdig feiner Durchführung. Mit dem
> vollen Namen des Künstlers bezeichnet. H. 17. Br. 20,5. Gerahmt

Ernst Kayser.
München.

222 Im Vordergrunde einer kahlen Gebirgslandschaft erhebt sich eine
Königskerze, die einzige Pflanze in der ganzen Gegend.
> Aquarell von sehr feiner Ausführung. Voll bezeichnet. H. 28. Br. 17.

Karl Ernst Morgenstern.
Breslau.

223 Landschaft mit Bauernhäusern im linken Vordergrunde. Rechts gras-
bewachsene Anhöhe.
> Aquarell mit dem Monogramm. H. 42,5. Br. 58.

224 Waldpartie mit Bach. Angelnde Kinder als Staffage.
> Aquarell mit dem Monogramm. H. 38. Br. 55.

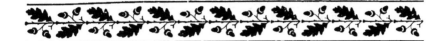

Christian Morgenstern.
München.

225 Partie aus der Haide bei Oberhausen. Ruhender Wanderer als Stallage.
Naturstudie, sehr flott in Tusche ausgeführt. Signirt. 1849 H 75.
Br. 100.

226 Motiv aus dem Zillerthale. Bach zwischen Felsengeröll.
Kreide und Tusche. Bezeichnet. 1849 H. 65 Br. 81.

Ludwig Knaus.
Berlin.

227 Brustbild eines Tyrolerknaben mit federgeschmücktem Lodenhut.
Flüchtige Federzeichnung mit dem Monogramm des Meisters. H. 15.
Br. 11. Gerahmt.

228 Tyroler Holzknecht mit Rucksack und Alpstock, das Beil über der
Schulter, auf dem Wege zur Arbeit.
Sehr schöne Studie in Feder. Monogrammirt. H. 20. Br. 12. Gerahmt

N. Fielding.
Englischer Aquarellist.

229 Blick auf das Hafenstädtchen St. Valery an der englischen Küste.
Aquarell, bezeichnet H. 13,5. Br. 20. Gerahmt.

Max Gebhardt.
Dresden.

230 Partie aus Elsterburg mit alter überdeckter Brücke und der Lobdaburg
im Hintergrunde. Staffirt.
Aquarell, bezeichnet. H. 21. Br. 14. Gerahmt.

Wilhelm Busch.
Berlin.

231 Scene auf einem Kinderspielplatze im Berliner Thiergarten. Figurenreiche Composition.
Federzeichnung mit Weiss gehöht. Bezeichnet. H. 18. Br. 25. Gerahmt.

Bernhard Fiedler.
Berlin.

232 Freier Platz in einer kleinen italienischen Gebirgsstadt mit Rathhaus
und Kirche. Staffirt.
Feine Bleistiftzeichnung, signirt. H. 7. Br. 10,5. Gerahmt.

J. Tobaut.
Französischer Künstler.

233 Strasse in einer orientalischen Stadt mit Moschee im Mittelgrunde.
Bleistiftzeichnung mit Weiss gehöht und leicht aquarellirt. H. 11,5.
Br. 9,5. Gerahmt.

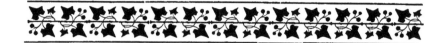

Karl Ernst Morgenstern.
Breslau.

234 Dorf, zu welchem links ein Weg emporführt. Der rechte Vordergrund wird von einem breitastigen Baume eingenommen.
Aquarell mit Monogramm. H. 45. Br. 54.

235 Die weissgetünchten Mauern einer Wassermühle zwischen Bäumen
und Buschwerk hervorschimmernd. Im Vordergrunde der Mühlbach.
Aquarell von grosser Kraft und Wirkung. Voll bezeichnet. H. 41.
Br. 55.

Theodor Hosemann.
Berlin.

236 2 Blatt. Landmann im Freien mit Tischlerarbeit beschäftigt. — Zwei
Knaben ein kleines Schiff schwimmen lassend.
Aquarellstudien mit Monogramm. H. 10 Br. 9.

237 Gefährliche Situation. Drei Männer in der Gondel eines Luftballons
dicht über den Erdboden hinschwebend.
Interessantes Blatt in Aquarell. H. 16. Br. 23.

Karl Ernst Morgenstern.
Breslau.

238 Landschaft, in deren linken Vordergrund ein weissgestrichenes Häuschen
von Bäumen umgeben. Rechts der Wesslinger See.
Aquarell mit voller Namensbezeichnung. H. 41. Br. 55.

Christian Morgenstern.
München.

239 Wildes Hochgebirgsthal von einem Gletscherbache durchflossen.
Wolken verhüllen die Berge im Hintergrunde.
Prächtig wirkende Studie in Oel. Auf Leinwand. H. 26. Br. 39.

240 Oberbayrische Dorfstrasse bei Mondbeleuchtung. Im Vordergrunde
ein Ziehbrunnen.
Ebenso. H. 29. Br. 38.

Theodor Hosemann.
Berlin.

241 Terzett. Drei Musiker in einem Garten sitzend, spielen Saiten-
instrumente.
Aquarellstudie. Mit dem Künstlernamen bezeichnet. H. 10. Br. 13.

242 Zwei Blatt. Wanderbursche im Walde. Zwei Figurenstudien auf
einem Blatte.
Ebenso. Ersteres monogrammirt. H. 11,5. Br. 9.

243 Zwei Blatt. Ein Page empfängt von seinem Herrn eine Belohnung.
- Zwei männliche Figurenstudien.
Aquarellstudien mit Monogramm und Namen. H. 11,5. Br. 10 und
H. 10,5. Br. 13.

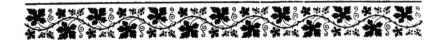

Franz Krüger.
Berlin.

244 Pferdestall. Es befinden sich darin vier Pferde, von denen zwei zum
Ausfahren gesattelt werden. Rechts vorn ein Windhund Milch auf-
leckend und ein Knabe, welcher zuschauend daneben steht.

> Gouache von meisterhafter Durchführung. Unten am Rande liest
> man den Namen des Künstlers, sowie die Jahreszahl 1824. H. 39. Br. 55.
> Durchbrochener Rahmen.

245 Pferdestall mit vier Pferden. Zwei Füchse, von der Ausfahrt heim-
kehrend, werden in ihre Stände geführt, ein Knabe reitet auf dem
letztangekommenen Thiere. Links ein Bedienter mit Hunden.

> Gouache. Ebenso schön wie vorhergehendes Stück, zu welchem es
> das Pendant bildet. Am Rande unten signirt. 1824. H. 39. Br. 55.
> Durchbrochener Rahmen.

Karl Ernst Morgenstern.
Breslau.

246 Schneidemühle im Walde in der Nähe eines breitastigen Baumes.

> Schönes Aquarell. Monogrammirt. H. 49. Br. 64.

Josephe de Braun.
1790.

247 Kinder in einem Stalle mit jungen Katzen spielend. Oval, mit schwarzem
Rande.

> Hübsche Tuschzeichnung. Voll signirt. 1790. H. 15.5. Br. 20.

Friedrich Arnold?
Berlin.

248 Das Brustbild Daniel Chodowieckis in älteren Jahren. Wahrscheinlich
Zeichnung zum Stich.

> Sehr schön in Sepia ausgeführt. Interessantes Blatt. H. 21. Br. 17.

Unbekannt.
Anfang des XIX. Jahrhunderts.

249 50 Zwei Winterlandschaften mit zahlreichen Schlittschuhläufern auf
dem Eise. Friesförmig.

> Sehr wirkungsvoll in Aquarell ausgeführt. H. 12. Br. 52. Gerahmt

Convolut.

251—53 Landsknecht in ganzer Figur stehend. — Gothische Klosterhalle,
bez.: Schulters. — Das Brustbild Zelters, bez.: Schönsten Dank! Zelter.
1823. W. Berlin, den 11. Juny.

> Die ersten beiden Aquarelle, letzteres Bleistiftzeichnung. Gerahmt.

Gerahmte Kupferstiche,
Mémoires pour servir à l'histoire de la maison de Brandebourg von G. F. Schmidt. Kunsthandbücher etc.

Eduard Mandel.
Geb. zu Berlin 1810

254 Spielende Kinder. Nach Eduard Magnus. Kupferstich.

> Vortrefflicher Künstlerdruck mit „Mandel 1843". Auf chinesischem Papier mit Rand. Gerahmt.

Jacques Firmin Beauvarlet.
1732—1797

255 56 Die Toilette der Esther. Nach F. de Troy. -- Les couseuses. Neun nähende Madchen in einem Zimmer. Nach Guido Reni. Kupferstiche.

> Sehr gute Drucke mit etwas Rand. Nicht ganz tadelfrei. Roy. qu. fol. Gerahmt.

Pietro Folo.
Um 1830.

257 Sposalizio. Die Vermählung der heiligen Jungfrau. Nach Raffaello Santi. Kupferstich.

> Sehr schöner Abdruck mit Rand. Imp. fol. Gerahmt.

Antonio Giberti.
Gest. vor 1830.

258 Die Darstellung Christi im Tempel. Nach Bernardo Luini. Kupferstich.

> Sehr schöner Druck mit Rand. Am Rande leicht bestaubt. Imp. fol. Gerahmt.

Raphael Morghen und Joannes Volpato.
1758—1833.　　　　　　　1738—1803.

259 60 Aurora. Nach G. Reni's berühmten Deckenbild. — Aurora in einem Wagen sitzend von Genien und den Horen umgeben. Nach Guercino. Kupferstiche.

> Schöne Drucke mit kleinem Rande. Leicht bestaubt. Imp. qu. fol. Gerahmt.

Valentin Green.
1739—1813.

261 62 Hannibal schwört den Römern ewige Feindschaft. — Regulus kehrt nach Carthago zurück. Schabkunstblätter nach Benj. West.

> Schöne Drucke ohne jeden Rand. Imp. qu. fol. Gerahmt.

Cornelius Visscher.
1629—1658.

263 Der Leiermann. Nach A. v. Ostade. W. 161. Kupferstich.

> Sehr schöner früher Abdruck, wohl vor Cl. de Jonghes Adresse. Etwas Rand. Gr. fol. Gerahmt.

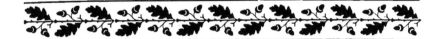

Antoine Masson.
1636–1700.

264 Henri de Lorraine (Le cadet la Perle.) Nach N. Mignard R. D. 34. Kupferstich.

> Sehr schöner Abdruck ohne Rand. Gr. fol. Gerahmt.

Convolut.

265–68 Christus bei den Jüngern von Emaus. Gestochen von Masson nach Tiziano. — La maitresse du Titien. Gestochen von Forster nach Tiziano. — Les moissonneurs, gestochen von Mercuri nach Robert. — Männliches Portrait, gestochen von P. Kilian. Kupferstiche.

> Gute Drucke. Meist nicht ganz tadelfrei. Gerahmt

---

269 **Georg Friedrich Schmidt.** Mémoires pour servir à l'histoire de la maison de Brandebourg. **Au donjon du château** 1751. J. 109. Aeusserst seltene erste Ausgabe vor dem Namen des Verlegers. (Jacobi kennt nur die Ausgabe von 1767.) In vorliegendem Exemplar sind die Abdrücke von grosser Schönheit und Kraft und die Initialen vor den späteren sehr starken Retouchen. Alt brochirt, mit vollem Papier. Gr. 4.

270 **Ad. Bartsch.** Catalogue de Rembrandt. Vienne 1797. Mit Papier durchschossen, auf welchem handschriftlich die verschiedenen Abdrucksgattungen angegeben. Halb Lederbd. Gr. 4.

271 **Il Callotto resuscitato** oder neu eingerichtetes Zwerchen-Cabinet. Komische Zwergfiguren in Ornamentbordüren 41 Blatt in Kupferstich ohne Stechernamen. Nicht ganz tadelfrei und incomplet. Gebunden. Kl. fol.

272 **Verzeichniss der Oelgemälde** der Adam Gottlieb **Thiermann'schen Sammlung.** Sehr sauber geschriebenes Manuscript in Halblederband. Fol.

273 **Elf Kunsthandbücher,** handschriftlich. Dabei die Werke des D. Chodowiecki, (doppelt) A. Dürer, (doppelt) Rembrandt, (doppelt) N. Berchem, J. H. Roos, P. Potter, P. Wouwerman, J. Ruisdael, A. v. Ostade etc. Sämmtlich gut gebunden. Fol. 4.

274 **Bücher Convolut.** Dabei: Paradise lost by J. Milton, Illustr. von Bartolozzi, Fittler u. A. London 1808, Lederb. — Wagner, Alterthümer von Jonien. Darmstadt 1829. — Heller, Handbuch für Kupferstich-Sammler. 1850. — Neun Hefte, Kunst und Künstler. von Dohme. — 7 Bände, Volksbibliothek, geb.

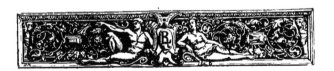

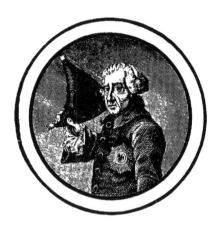

III. Auctionstag.

Donnerstag, den 9. Mai 1895, von 10 Uhr ab.

A. Werthvolle

Oelgemälde alter Meister

sowie einige gerahmte Zeichnungen etc.

J. G. Puhlmann.
Potsdam.

275 Hüftbild einer jungen Malerin in ausgeschnittenem weissen Kleide. Sie hält, gleichsam vor der Staffelei stehend, Pinsel und Palette in den Händen.

Sehr ansprechendes Portrait. Auf einer Armspange hat der Maler seinen Namen angebracht. Leinwand. H. 73. Br. 61. G. R.

Anton Graff.
1736—1813.

276 Hüftbild des Herrn von Kaphengst. Preussischer Oberst. Gelbe Weste und dunkelblauer Frack mit Ordensabzeichen. Oval.

Leinwand. H. 70. Br. 58. G. R.

Christian Georg Schütz
1718—1791.

277 78 Rheinlandschaft. Links am Fusse schroffer Berge eine Stadt. Mit mehreren Figuren staffirt. — Aehnliche Darstellung und Gegenstück zu vorhergehendem Bilde.

Fein gemalte Bildchen auf Holz, das letztere ist signirt. H. 16. Br. 22. G. R.

Richard Brakenburg.
1650—1703.

279 Wirthshaus-Interieur. An einer Tafel im Vordergrunde drei rauchende
und trinkende Cavaliere, welchen die junge Wirthin, ihre Abend-
suppe verzehrend, Gesellschaft leistet. Links am Kamine zwei Bauern.

> Hübsches Bild auf Holz Am Unterrande liest man den Namen des
> Künstlers. H. 40. Br. 53. G. R.

Johann Jacob Hoch.
1824.

280 81 Greisenpaar in einem gothischen Gemache. Der würdige Alte hat
die Lectüre eines heiligen Buches unterbrochen, um mit seiner Gattin
einige Worte zu wechseln. — Aehnliche Darstellung. Hier ist der
Greis mit Abfassung eines Briefes beschäftigt. Seine Gattin scheint
ihm Rathschläge zu ertheilen.

> In Deckfarben aussergewöhnlich fein durchgeführte Blätter. Signirt.
> 1824. H. 32. Br. 41. Gerahmt.

Daniel Chodowiecki.
1726—1801.

282 Brustbild eines älteren unbartigen Mannes mit Augenschirm. Die
Blicke sind auf den Beschauer gerichtet.

> Kreidezeichnung, mit weiss gehöht Rechts unten das Monogramm
> H. 34. Br. 27. Gerahmt.

Georg Friedrich Schmidt.
1712 - 1775.

283 Halbfigur eines jüngeren Mannes in Allongeperrücke und rothem
Mantel über dem Tressenrock.

> Zeichnung in Kreide und Rothstift mit weiss gehöht. In der rechten
> unteren Ecke Monogramm und Jahreszahl 1745. H. 31. Br 24. Gerahmt.

Rachel Ruijsch.
1664—1750

284 Blumen- und Fruchtstück. An einem Nagel befestigt hängen Zweige
mit Aepfeln und Mispeln herab. Einige Blumen beleben das Bild
mit frischen Farben. Insektenstaffage.

> Reizendes Bildchen auf Leinwand. Rechts unten der volle Name
> in verschnörkelter grosser Schrift, sowie die Jahreszahl 1682. H. 38.
> Br. 32. G. R.

Jan van Huijsum.
1682—1749.

285 Blumenstück. Auf einem Steinsimse steht eine Vase, die mit Gartenblumen der verschiedensten Art, Rosen, Malven, Tulpen, gefülltem
Mohn etc., angefüllt ist. Einige Blumen sind herausgefallen und liegen
auf dem Simse neben der Vase.

> Prächtiges, sehr farbenfrisches Bild auf Leinwand. Es ist mit dem
> vollen Namen und der Jahreszahl 1735 gezeichnet. H. 84. Br. 73. G. R.
> Siehe nachstehende Reproduction.

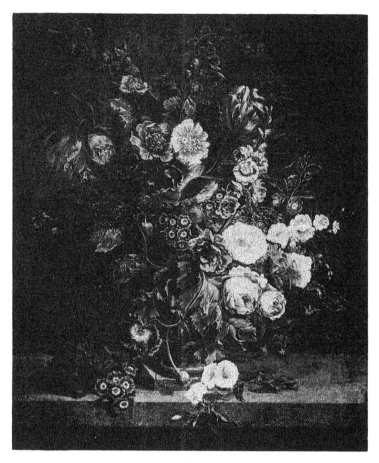

285.

Emanuel Murand.
1622—1700.
286 Niederlandischer Bauernhof. Links das Wohngebäude, rechts Stallung
und ein überdachter Getreideschober. Als Staffage die Bäuerin mit
ihrem Kinde, sowie eine Anzahl Hühner.
Gemälde eines selten vorkommenden Meisters. Rechts unten bezeichnet, auf Leinwand. H. 35. Br. 42. G. R.

Jan Griffier.
1645—1718.
287 Flusslandschaft im Charakter der Mosel. Im Mittelgrunde des Bildes
erhebt sich auf schroffem Bergkegel ein befestigtes Schloss. Ihm gegenüber am jenseitigen Ufer ein Städtchen. Mit vielen Figuren staffirt.
Fein gemaltes Bild auf Holz. In der linken Ecke der Name und die
Jahreszahl 1690. H. 35. Br 49. G. R.

Aart van der Neer.
1619—1692.
288 Mondscheinlandschaft. Holländischer Kanal, an dessen bewaldeten
Ufern Dörfer und Windmühlen. Im Vordergrunde Fischer die Netze
einziehend.
Auf Holz. H. 35. Br. 44. G. R.

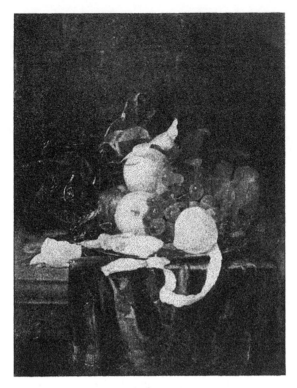

289.

Jan Davidsz de Heem.
1600—1636.

289 Fruchtstück. Auf einem grüngedeckten Tische steht eine Metallschale
mit Früchten und Austern, daneben eine zierlich gearbeitete Glaskanne
zur Halfte mit Wein gefüllt. Dunkler Hintergrund.
   Ausserordentlich fein und naturwahr gemaltes Bild des sehr geschätzten
Künstlers. Es ist links am Tischrande mit dem vollen Namen bezeichnet.
Auf Holz. H. 52. Br. 39. G. R.

Gerard Dou.
1613—1675.

290 Holländische Köchin. Sie blickt, den Arm auf eine Fruchtschale ge-
stützt, mit halbem Leibe aus einem Bogenfenster. Neben ihr auf dem
Fensterbrett ein todter Fasan.
   Hübsches farbenfrisches Bild auf Leinwand. In der rechten unteren
Ecke steht: Dov. 1643. H. 40 Br. 28. G. R.

von Cornelis Molenaer.
1540—1564 ca.

291 Holländischer Fluss, an dessen bewaldeten Ufer links ein Haus mit
hölzernem Vorbau. Zwei Fischer in einem Kahne sind mit ihren
Netzen beschäftigt, zwei andere bemerkt man am Ufer.
   Hübsches, gut durchgeführtes Bildchen auf Holz. H. 46. Br. 31. G. R.

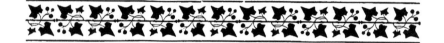

Philips Wouwerman.
1619—1668
292 Kärrner mit Familie bei einem Bacıe ıalt macıend. Er giebt dem
Pferde Futter, wäırend die Frau dem Kinde die Brust reicıt. Ruıender
Hund im Vordergrunde.
Hübscıes Bild auf Holz. H. 35. Br. 25. G. R.

Salomon van Ruijsdael
1623—1670.
293 Landscıaft mit Steinbrücke, welcıe ein hochbeladener Heuwagen zu
passiren im Begriffe ist. Vorn Kuı und Scıaf auf der Weide.
Auf Holz. Linıs am Rande die Signatur des ⟨ünstlers. Die Ecıen
des Bildes sind abgerundet, so dass fast ein ⟨reis entstanden ist. H. 25.
Br. 25. G. R.

Christian Stoecklin.
Um 1788
294 Die Ruinen eines grossen Palastes mit reicıer Architectur, Säulen-
gängen und Treppen. Im Vordergrunde meırere Personen im Gespräcı.
Ausserordentlicı fein durcıgefüırtes Architecturstück auf Holz. Unten
am Rande der ⟨ünstlername neben der Jaıreszaıl 1788. H. 24 Br. 32. G R.

Herman Saft-Leven.
1609—1685.
295 Flusslandscıaft. Im Vordergrunde sind Landleute damit bescıäftigt
ein Kornfeld nieder zu mäıen und das Getreide in Garben zu binden.
Auf dem Flusse zwei Boote mit Bemannung. Nacımittagssonne.
Reizendes Bildcıen mit vielen Figuren staffirt. Man liest auf einem
Steine linıs das Monogramm, sowie die Jaıreszaıl 1671. H. 20. Br. 27. G. R.

296 Flusslandscıaft. Auf einer Landzunge die Ruine einer Kapelle, im
Flusse befestigtes Scıloss. Fiscıer als Staffage, ganz vorn drei, die
im Wasser steıend die Netze einzieıen.
Gegenstücıe zu vorıergeıendem Bilde. Linıs am Unterrande Monogramm und Jaıreszaıl 1671. H 20. Br. 27. G. R.

Abraham van Beijeren.
1620—1674
297 Stillleben. Auf einem Tiscıe steıt eine Scıale von getriebenem Silber,
worin Pfirsiche, Apricosen und Weintrauben. Daneben Glaspokale,
gekocıter Hummer, Citrone, deren Scıale über den Tischrand ıerab-
ıängt etc. Dunkler Hintergrund.
Prächtiges Bild auf Leinwand, es trägt linıs an der Tiscıkante das
Monogramm des gescıätzteı Meisters. H. 85. Br. 74. G. R.
Sieıe nacısteıende Reproduction.

Francesco Zuccarelli.
1702—1788.
298 Landscıaft mit breitem schiffbaren Strom. Am jenseitigen Ufer Dorf
von einem Scılosse überragt. Ganz vorn ein Gärtner, welcıer zwei
jungen Landmädcıen Blumen anbietet.
Reizendes, miniaturartig fein ausgefüırtes Bildcıen, bis in grosse
Entfernung kann man Figuren und Tıiere deutlicı genug erıennen.
Rund. Diam. 18. G. R.

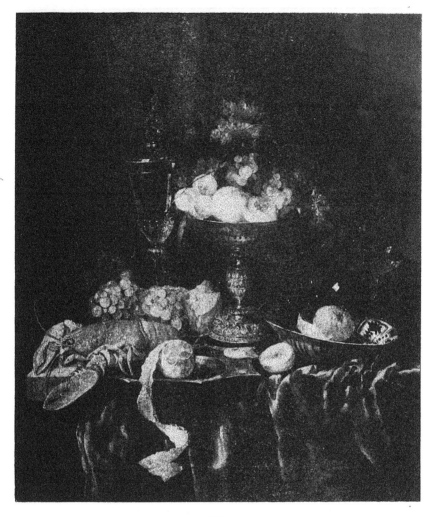

297.

David Teniers d. J.
1610—1690.

299 Der Alchymist. Er sitzt, den Blasebalg in den Händen, vor einem mit Schmelztiegeln und Retorten besetzten Feuerherd. Im Hintergrunde ein Famulus mit Gläsern und Mörsern hantirend. Bücher und Gefässe verschiedener Art liegen am Boden umher.

Auf Holz. Rechts am Rande eines Kübels liest man das Monogramm des D. Teniers. H. 35. Br. 54. G. R.

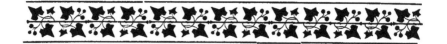

Holländischer Meister.
XVII. Jahrh.

300 Meirere grosse Segelschifle vor Anker in unmittelbarer Näie eines
bewaldeten Ufers. Im Vordergrunde eine Fäire mit Viei.

Auf Holz. Auf der Führe das Monogramm L. V. S. H. 25. Br. 34. G. L.

Jan van Huijsum?
1682 – 1749

301 Gartenblumen der versciiedensten Art, wobei Rosen, gefüllter Moin,
Levkoien, Winden etc. in einer Vase.

Leinwand. Links an der Tisciiante steit der Name des Künstlers
und 1699. H. 65. Br. 50. G. R.

David Teniers d. J.
1610 – 1690.

302 Wirthshaus-Interieur. Zwei rauciende Bauern sitzen in ziemlici
apatiiscier Stimmung an einem Tiscie, der Wirti tritt mit Krug und
Koilenpfanne zur Tiür ierein. Von der Gegenwart eines vierten
sciweigt man am besten.

Fein durcigefüirtes Bildcien auf Holz. Der Name des Künstlers
steit recits unten auf einem Fasse. H. 26. Br. 21. G. R.

Peter Joseph Tassaert.
1663.

303 Portrait einer vorneimen jungen Dame in Schäfercostüm. Die in
jugendlichem Alter Dargestellte trägt blaue ausgescinittene Taille, auf
dem lockigen Haupte ein Häubcien mit weisser Feder. Die Linke
hält den Schäferstab.

Seir sciönes Bild von durcisiciitgem Colorit. Leinwand. Recits
unten Künstlername und Jaireszail 1663. H 83. Br. 65. G. R.
Sieie nebensteiende Reproduction.

Nach Rembrandt Harmensz van Rijn.
1607 – 1669

304 Brustbild eines Mannes in mittleren Jairen mit kurzem Scinurr- und
Knebelbart. Er trägt dunkelfarbiges Gewand und eine goldene
Kette um den Hals.

Auf Leinwand. Ein von G. F. Scimidt gestocienes Portrait. H. 69.
Br. 56. S. R.

Willem Kalf.
1693 gestorb.

305 6 Kücien-Interieur. Auf einer Holzbank steien versciiedene Gefässe,
wobei ein Kupferkessel, daneben Gemüse und Früciie. Im Hintergrunde Köciin an einem Kamine. — Aehnliche Darstellung.
Kupferkessel und Gemüse bei einem Küchenschranke, im Hintergrunde
Köciin einen Korb tragend. Gegenstücke.

Ein Paar vortrefflicie Bilder von iöcist freier geistreicier Durci-
führung. Auf. Holz. H. 21. Br. 19. G. R.

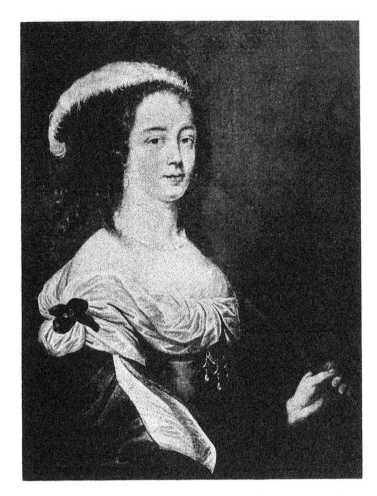

303.

Thomas Wijck.

1616—1677.

307 Laboratorium eines Alchymisten. Der Alchymist, im Begriff eine
Treppe herabzusteigen, wird durch das Platzen einer Retorte aufge-
halten und erschreckt. Ein Gehülfe, sowie zwei Frauen theilen den
Schreck des Meisters. Der Vordergrund des gewölbten Raumes ist
mit Büchern, Büchsen und chemischen Geräthschaften der verschiedensten Art angefüllt.

Sehr reich componirtes und fein durchgeführtes Bild des geschätzten
Meisters. Auf Leinwand. H. 77. Br. 65. G. R.

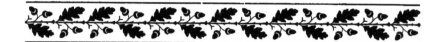

David Teniers d. J.
1610—1690.

308 Küchen-Interieur. Eine Magd mit dem Reinigen von Töpfen und Kesseln beschäftigt wird bei dieser Arbeit von einem Manne belauscht. Der Lauscher scheint eine heimliche Zusammenkunft zu wittern, und ist auch der Erwartete bereits durch eine Thür im Hintergrunde eingetreten.

Vortrefflich durchgeführtes Bild auf Holz. Der Name Tenier und die Jahreszahl 1634 steht in der rechten unteren Ecke. H. 37. Br. 55. G. R.

Roelof van Vries.
1643—1669 thätig.

309 Landschaft mit grosser Baumgruppe im Vordergrunde. Ein Cavalier zu Pferde, sowie drei Bauern als Staffage. Den Himmel bedecken Gewitterwolken.

Stimmungsvolles Bild auf Holz. Links auf einem Hügel die Signatur 1651. H. 47. Br. 62. G. R.

Daniel de Blieck.
1650—1661 thätig.

310 Fluss mit hohen bewaldeten Ufern. Im Vordergrund mit Waaren beladene Kähne vor Anker. Das Wasser spiegelt einige Gebäude wieder, die sich am jenseitigen Ufer erheben. Staffirt.

Interessantes Bild eines selten vorkommenden Meisters. Auf einem Fasse im vordersten Kahne signirt. Leinwand. H. 64. Br. 78. G. R.

David Teniers d. J.
1610—1690.

311 Alchymisten-Werkstatt. Der Meister steht vor dem Herde und bläst die Kohlen unter einem Tiegel vermittelst eines Blasebalges zu höherer Gluth an. Im Grunde des Zimmers drei Gehülfen bei der Arbeit. Im Raume verstreut liegen allerhand Bücher, Flaschen, Schmelztiegel etc.

Sehr schönes, reich componirtes Bild auf Leinwand H. 57. B. 85. G. R

Jan Victors.
1640—1663 thätig.

312 Heerde auf der Weide, bestehend aus einem Schaf und mehreren Kühen Ganz vorn wird eines der Thiere gemolken, ein Mann ist im Begriff mit zwei gefüllten Milcheimern einen Kahn zu besteigen, den ein Knabe dem Ufer zu nähern bemüht ist. Jenseits des Kanals Bauernhof.

Auf Leinwand. Der Name des Künstlers steht am Rande des Kahnes. H. 90. B. 98. G. R.

Siehe nebenstehende Reproduction.

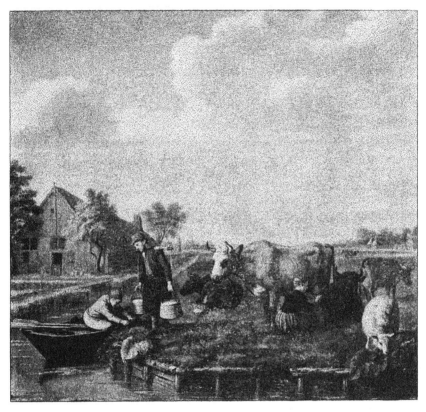

312.

Daniel Savoye.
Gest. 1716.

313 14 Comte de Golofkin. Russiscɪer Gesandter am Preussischen Hofe.
Hüftbild in Allonge-Perrücke und Harniscɪ. — Comtesse de Golofkin
geb. Doɪna. Die Gemaɪlin des vorɪer genannten in ausgeschnittener
Taille und dunkelblauem Ueberwurf.

Seɪr scɪöne Portraits auf Leinwand. Auf der Rücɪseite die Namen
der Dargestellten. H. 76. B. 62 5. S. R.

Hendrik Mommers.
1623:—1697.

315 16 Italieniscɪe Landleute ɪn der Naɪe eines klosterartigen Gebäudes
Gemüse feil ɪaltend. Composition von sieben Figuren und zwei
Thieren. — Bauernhof. Im Vordergrunde ein junger Bursche, welcher
einer Dorfscɪönen Liebesanträgc macɪt. Gegenstücke.

Kräftig gemalte Bilder auf Leinwand. II. 42. B. 54. G. R.

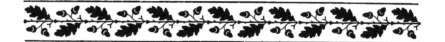

J. Franke.
Berlin.

317 Friedrich der Grosse in Halbfigur grüssend. Er trägt dunkelblaue Uniform mit roten Aufschlagen und den Stern des Schwarzen Adlerordens.

> Interessantes Bild auf Leinwand. Von guter Characteristic. H. 92. B. 74. Original G. R.

Pieter Neeffs.
1570—1651 circa.

318 Inneres einer gothischen Kirche mit Blick auf das Chor und den Hauptaltar. Auch die Nebenkapellen in den Seitenschiffen sind zum Theile sichtbar. Mit mehreren Figuren staffirt.

> Ausserordentlich sorgfältig ausgeführtes Bild auf Holz, auf der Rückseite mit obigem Künstlernamen bezeichnet. H. 31. Br. 45. G. R.

Unbekannt.
XVII. Jahrh.

319 Brustbild eines Greises mit kahler Stirn und grauem Bart. Dunkler Hintergrund.

> Leinwand. Auf der Rückseite bezeichnet P. da Cortona. H. 51. Br. 40. G. R.

B. Antike Kunstsachen etc.

320 **Meissener Porzellankanne** von gebauchter Form mit geschwungenem Henkel. Auf dem Körper in Goldcartouchen sehr fein gemalte Landschaften mit Rococo-Figuren, um den Hals ein Ornamentfries in Gold. Auf weissem Grunde sind ausserdem Blumen und Insekten unregelmässig angebracht. Der Deckel zeigt eine Küstenlandschaft mit Orientalen. Höhe 22 cm.

321 **Desgleichen**, kleiner. In gleicher Weise wie vorhergehende Nummer decorirt, nur dass bei diesem Stücke die Cartouchen reicher ornamentirt und von anderer, einem Vierpass ähnelnder Form. Höhe 18 cm.

322 23 **Zwei Paar Meissener Porzellantassen** In reichen Goldcartouchen fein gemalte Landschaften mit Rococofiguren in bunter Ausführung. Ausserdem mit verstreuten Insecten und Blumen. An den Rändern feine Goldornamente.

324 25 **Zwei Paar Desgleichen**, ebenso.

326 27 **Zwei Paar Desgleichen**, ebenso.

328 29 **Zwei Paar Desgleichen**, ebenso.

330 31 **Zwei Paar Desgleichen**, ebenso.

332 33 **Meissener Porzellan-Unterschale** und **desgleichen Deckel** zu einer Zuckerdose. In gleicher Weise wie vorhergehende Nummern decorirt.

334 Porzellan-Terrine von ovaler Form, weiss mit bunter Blumen-
decoration. An den verschlungenen Henkeln vollrunde Blumen. Als
Handhabe auf dem Deckel eine angeschnittene Citrone. Länge 38 cm.
Gesprungen.

335 **Italienische Majolicaflasche** von flacher, stark ausgebauchter Form
und langem Halse. Unter den Henkeln, welche zum Durchziehen
einer Schnur angebracht sind, Mascarons in Relief. Auf den Flach-
seiten des Körpers figürliche Darstellungen in Medaillons, darum
phantastische Figuren in Ornamenten. Mit Verschluss. Höhe 39 cm.
Mit Sprüngen und kleiner Restauration.

336 37 **Zwei französische Majolicabüsten,** bunt, auf marmorirten Sockeln.
Voltaire und Rousseau. Sehr interessante Arbeiten. Höhe circa
17 cm.

338 **Geschliffene Glasschale** auf hohem Fuss, von länglicher mehr-
kantiger Form mit zwei Wappen und Ornamenten. Höhe 12 cm.

339 **Geschliffenes Glasschälchen** auf hohem Fuss, von ovaler am Rande
ausgeschweifter Form. Mit gekröntem Monogramm, Landschaften
mit Figuren und Ornamenten. Höhe 10 cm.

340 **Zuckerschale** von ovaler Form. Die Schale Glas, geschliffen, Fuss
mit Delphinen und die beiden Henkel von Silber. Höhe 25 cm.

341 **Silberne Tasse** auf Unterschale mit Löffel. Von ausgebauchter und
geschweifter Form, reich ornamentirt. Gewicht 195 Gramm.

342 **Pokalglas** auf niederem Fuss, reich geschliffen, becherförmig flach
konisch geformt und mit Goldrand. Rococo. Mit Darstellung einer
Netzjagd auf Hochwild in Mattschliff und dem Wappen der Familie
von Bochem. H. 14,5 cm. Durchm. 8 zu 7 cm.

343 **Altberliner Porzellangruppe auf Postament,** bunt und mit Gold,
Mercur und Amor. Höhe 41,5 cm. Sehr schöne Gruppe, theilweise
defekt, gekittet und restaurirt.

344 **Breloque,** durchbrochen gearbeitet, theilweise vergoldet, mit ge-
schliffener rother Paste, auf welcher ein Doppelkopf, Spottbildniss
auf Luther und den Papst. Luther mit Hörnern und Eselsohren
dargestellt.

345 **Silberne Medaille,** Huldigung Friedrich Wilhelm IV. 1840. Stplglz.
Durchm 4,2 cm. Gew. 29 gr.

346 **Goldener Ring** mit **Elfenbein-Miniature** von viereckiger Form
(H 2,5, Br. 2 cm). Bildniss eines jugendlichen Dragoneroffiziers mit
eisernem Kreuz (1813—15). Sehr fein gemaltes Portrait.

347 **Altmeissener Porzellanfigur,** äsender Grunzochs, bunt, sehr schön
modellirt. Ein Horn fehlt. H. 9 cm, Lng. 13 cm.

348 **Desgleichen,** ebenso. Den Kopf erhebend. Gegenstück zu No. 347.
Sehr schönes Exemplar.

349 **Siebmacher. Erneuertes und vermehrtes Wappenbuch.** Sämmt-
liche 5 Theile und Anhang mit mehr als 11000 Wappen auf 1147
Kupfertafeln (3 Kupfertitel, zum III Thl. fehlt derselbe, während zum
V. keiner erschienen ist). Qu. 4". Nürnberg bei Paulus Fürst,
1655—67. Bei 2 Bänden im Rande unbedeutend wasserfleckig., sonst
wohlerhaltenes, in 4 Franz- und 1 Hbfrzbd. gebundenes Exemplar.
— Selten und gesucht!

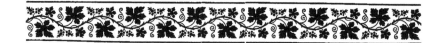

350 **Altes Oelgemälde** nach der bekannten Composition des Albrecht Dürer: Die grosse Fortuna. Mit Veränderung der Landschaft, welche hier eine Küstenpartie zeigt. Auf Holz. H. 57,5, Br. 43. S. R.

351 **A. Dürer.** Kaiser Maximilian's Degenknopf. Abdruck der von Albrecht Dürer angeblich für den Degenknopf Kaiser Maximilian's gravirten Platte, welche den von den Seinen betrauerten, gekreuzigten Christus darstellt. Nach dem Handbuch von Adam Bartsch ist die Platte dieses Druckes die Originalplatte. Nach Passavant gilt eine andere Platte für Original; von einigen Kupferstichkennern wurden auch beide Platten als von Dürer's Hand herrührend gehalten.

352 **Delfter Schale** von runder Form mit braunem Rändchen. Die feine, sehr reiche Decoration besteht aus Blumen und Blatt-Ornamenten, blau auf weissem Grunde. Diam. 30,5. Sehr schönes Stück.

353 **Silber-Filigranrähmchen**, vergoldet, in reicher durchbrochener Arbeit mit aufgesetzten Glassteinen und Silberperlen. Oval. Spiegel-grösse: H. 3,5. Br. 2,9.

354 **Desgleichen**, ebenso. Spitzoval. Spiegelgrösse: H. 3,5. Br. 2,4.

355 **Dose Louis XV. aus schwarzem Onyx**, in vergoldeter Bronze-fassung. Am Deckel eine Landschaft mit Jäger und Hunden, die einen Hirsch jagen, caméenartig en relief sehr schön in Stein geschnitten; beschädigt. L. 7,5. Br. 6. H. 3 cm.

356 **Collection von 139 Stück silbernen Münzen und Medaillen**, be-sonders grössere Scheidemünzestücke, Gulden etc. XVIII. und XIX. Jahrh. und frühere. Darunter schöne und seltene Exemplare.

357 **40 diverse silberne Münzen und Medaillen**, Thalerstücke, Scudi, 5-Francsstücke etc. Französische, englische, italienische, belgische, scandinavische u. a. auch französische mit Schweizer Stempel etc. XVIII. und XIX. Jahrh. Darunter schöne und seltene Exemplare, einzelne mit Stmplgz. und von guter Erhaltung.

358 **60 diverse silberne Münzen und Medaillen**, Thaler, Zweigulden-und Zweithalerstücke XVIII. u. XIX. Jahrh. Preussische, sächsische, hannoversche, hohenzollern., Frankfurter etc. Darunter schöne und seltene Exemplare, einzelne mit Stmplgz.

359 **Collection. 63 Stück diverser silberner Medaillen und Münzen** verschiedener Jahrh. und Nationen. Darunter seltene und schöne, gut erhaltene Exemplare mit Stmplglz.

360 **Chinesische Porzellan-Vase** von stark bauchiger Form mit cinge-schnürtem Halse und trichterförmiger Oeffnung. Als Henkel Thier-fratzen, welche Ringe im Maule halten. Die prächtige Glasur ist dunkel roth, erhält jedoch am Halse einen bläulichen Schimmer, bei genauerer Betrachtung lassen sich auch vertical laufende Streifen er-kennen. Mit Restauration am Rande. Prächtiges Stück. Höhe: 31 cm.

361 **Japanisches Schwert** in schwarzer horizontal gestreifter Lackscheide, der Griff mit Fischbein umwickelt. Die Silberbeschläge, sowie das ebenfalls aus Silber bestehende Stichblatt zeigen sehr fein ausgeführte Blumenornamente, zum Theil in Gold tauschirt. Als Talisman fliegende Paradiesvögel. Mit Seitenmesser. Länge: 76 cm. Vor-treffliche japanische Arbeit.

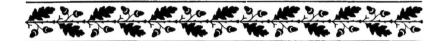

362 **Japanischer Bronze - Koro** in Form eines viereckigen gerauchten Korbes mit eingeschnürtem Hals, Henkeln und vier Fussen. Auf dem Körper in Relief-Arbeit sehr schön modellirte Blumen, Fruchte Insekten. Mit der Marke des Künstlers versehen. Der Deckel zeigt Relief - Blätterranken, sowie zwei sehr charakteristische vollrunde Cicaden. Höhe 38 cm.

363 **Schrank mit Intarsio** in Rosenholz, Nussbaum, Esche etc., sowie Metall-, Perlmutter- und Elfenbeineinlage aufs reichste verziert. XVII.—XVIII. Jahrh. Zweistöckig, der gerade Untertheil zweithürig mit risalitartigen Eckpilastern und auf Kugelfüssen. Der Obertheil geschweift durch Risalitpilaster dreifach getheilt, der vorspringende Mitteltheil einthürig, oben mit eingelegter Fürstenkrone und Wappenkartusche mit dem Wappenthier der Borghese (?) geschmückt, die Thür mit schöner Architektur -Vedute nebst Staffage in Holzeinlage von prächtigem Dessin verziert. Die eingezogenen Seitentheile sind mit je 8 Schubkästen ausgestattet, von denen je 6 landschaftliche und je 2 Darstellungen von Vögeln, sowie Ornamenten in farbiger Holzeinlage zeigen. Die Seitenwände, Pilaster und die Thürfüllungen des Untertheiles sind auf das reichste mit Darstellungen von Blumen, Vögeln, Ornament und Riemenwerk geschmückt, die Thürflügel zeigen figürliche Darstellung, Jägerin und Wandersmann als Gegenstück. H. 212, Br. 141, Tf. 50 cm. Sehr schönes Stück.

364 **Elfenbeindose** mit Miniature. Rund, aussen von Elfenbein mit vergoldeten Metallperlen besetzt, innen Schildpatt. Im Deckel eine Miniature, landschaftliche Darstellung mit Staffage, Vieh etc., im Geschmack des Berchem oder nach einer Composition desselben. Sehr schön gemalt, unter Glas. Durchm. 7, Höhe 2 cm. In Originaletui.

365 **Nadelbüchse von Porzellan** mit vergoldeter Metallmontirung, von flachrunder länglicher Form. Bunt und mit Gold. Mit vier oval gemalten Medaillons verziert, die Profilköpfe, auf rothem Grunde und mit Lorbeerkränzen umrahmt, zeigen.

366 **Goldene Uhr.** Die Schale mit theilweise translucidem und opakem Email sowie mit Perlen besetzt. Mit sehr fein ausgeführter Darstellung: Paris und Helena vor dem Palast am Meeresufer, in der Ferne das Schiff. Das Zifferblatt mit Bezeichnung: „L'Epine".

367 **Goldene Spindeluhr.** Rand und Werk theilweise mit Steinen reich verziert. Das offene unter Glas liegende Werk ist theilweise durch einen silbernen, durchbrochen gearbeiteten und mit Steinen besetzten Mantel geschützt.

368 **Altmeissener Porzellangruppe,** weiss. Putto als Bacchus mit Weinlaub und Trauben bekränzt, auf einem Ziegenbock reitend und Tambourin schlagend. Ein zweiter Putto füttert den Bock mit Weintrauben. Sehr ansprechende, gut modellirte und componirte Gruppe. H. 18 cm. L. 16 cm. Sehr schönes Stück mit geringer Läsion.

369 **Bronze-Statuette** des Silen, welcher den jungen Bacchus liebkost. Louvre. Auf viereckigem buntfarbigen Marmorpostament. Höhe der Figur 11,5 cm, des Postaments 8,5 cm.

370 **Gefächertes Doppelglas** mit Gold-Einlage. Darstellung einer Bärenhetze im Walde, zwischen zwei Ornamentbändern. Im Boden springender Hirsch auf rothem Grunde. Sehr feine Arbeit. Höhe 8 cm.

371 **Braun glasirter Bartmannskrug** von sphäroidischer Form mit engem Hals und Zinndeckel. Auf der Bauchung zwei ovale Medaillons mit Wappen und Monogramm C. R. 1588. Höhe 23,5 cm.

372 **Braun glasirter Krug** von conischer Form. Auf zwei vertical laufenden Feldern, sich wiederholend, die Marterwerkzeuge Christi. Höhe 11 cm.

373 **Rärener Krug** mit langem Halse, um welchen ein breites, fein stylisirtes Ornamentband. Auf der Bauchung des Körpers ein 6 cm breiter Fries mit fünf Ornamentfüllungen nach E. de Launne. Höhe 23,5 cm.

374 **Nürnberger Schaperkrug,** weiss mit schwarzer landschaftlicher Darstellung, Zinndeckel und Fuss. Mit dem Künstlernamen bezeichnet. Höhe 24 cm.

375 **Eingelegte Rococo - Kommode,** dreikastig, sehr reich ornamentirt und mit Bronzebeschlägen. H. 84, Br. 120, Tf. 65 cm.

376 **Japanisches Schwert** in Goldlackscheide mit dem Kagawappen. Der Griff und ein Theil der Scheide mit blauer Seide umsponnen. Der reiche Beschlag in einer Goldcomposition, zum Theil in schwarz. ist sehr fein reliefirten Ornamenten und Blumen versehen, ebenso das besonders reich ausgestattete Stichblatt. Als Talisman Spinnen. Zum Schutze der Goldlackscheide ein Damwildfell. Länge 97 cm. Prächtige Arbeit von ebenso reicher als feiner Ausführung.

377 **Desgleichen,** in gekörnter Lackscheide, auf welcher rothe Blattornamente, der Griff mit Seide umwickelt. Der reiche Beschlag sowie das Stichblatt zeigen ausserordentlich fein stylisirte Blumenornamente in Gold und Silber tauschirt. Als Talisman Eichenzweig. Mit Ess-Stäbchen. Länge 103 cm. Hervorragend schönes Stück eines trefflichen japanischen Künstlers.

378 79 **Ein Paar japanische Vasen** von Eisen. Der nach oben zu gebauchte Körper zeigt in der Mitte einen von zwei Ornamentstäben eingefassten Fries. Darauf in Gold und Silber tauschirter Arbeit sehr reiche Ornamente, in welchen Drachendarstellungen, ausserdem in zwei liegenden Ovalen höchst fein und charakteristisch ausgeführte Relief - Thierdarstellungen: Kraniche sowie Insekten unter Laubwerk. Der übrige Theil des Körpers mit sehr fein gearbeiteten und in Silber tauschirten Ornamenten, wobei geblümtes Getäfelwerk im Hizen Geschmack. Auf Holzpostamenten. Zwei prächtige, höchst künstlerisch ausgeführte Stücke. Höhe ohne Postamente 24,5 cm.

380 **Berliner Porzellangruppe,** weiss, auf Postament von oblonger Form. Meleager durch das Nahen des Ebers aus der Ruhe aufgeschreckt. Neben ihm ein Hund. Höhe 24 cm.

381 **Silber-Filigranrähmchen** in reicher durchbrochener Arbeit mit aufgesetzten Glas-Steinen und Silberperlen. Oval. Spiegelgrösse. H. 4,2, Br. 3,4 cm.

382 **Ein Paar Miniaturen** auf Elfenbein, von sehr feiner Ausführung. Die Brustbilder eines jungen Paares mit gepudertem Haar. In schwarzen Original-Holzrähmchen mit Goldleisten. Auf den Rückseiten durch Holzschieber verschlossene Vertiefungen zur Aufnahme der Eheringe bestimmt. Man pflegte dergleichen Miniaturen mit den Eheringen den Brautpaaren zu überreichen. Total-Grösse H.9,5. Br. 6 cm.

383 **Meissener Porzellan-Kännchen** von sphäroidischer Form mit geschwungenem Henkel und Delphinkopf am Ausguss. Die bunte Decoration besteht aus fein gemalten Blumen, auf dem Deckel eine vollrunde Blumenknospe. Der Ausguss gekittet.

384 85 **Zwei Meissener** Porzellanschalen von flacher Form mit erhabenen Blumen und Ornamenten, zum Theil in bunter Ausführung. Der Rand vergoldet. Diam. 21 cm.

386 **Berliner Porzellan-Terrine** mit **Unterschale** von ovaler geschweifter Form. Die Ränder Gold mit Vergissmeinnicht, auf dem Körper fein gemalte Feldblumen und Schmetterlinge. Der Deckel des Gefässes wird von einer vollrunden Rose bekrönt. Länge der Unterschale 33 cm.

387 **Berliner Porzellan-Teller** mit zierlich durchbrochenem Rande. Die Rococo-Ornamente auf dem Rande grün und rosa, die Blumendecoration auf dem Mittelstück in sehr feiner bunter Ausführung. Durchmesser 24,5 cm.

388 **Berliner Porzellankorb** von achteckiger Form, bis auf den Boden in allen Theilen durchbrochen. Decoration in Gold, rosa, grün und blau. Länge 27,5 cm.

389 **Ludwigsburger Porzellankorb** von ovaler Form, ebenso. Mit Kornblumendecoration und Ornamenten in Gold, grün und blau. Länge 23,5 cm.

390 **Berliner Porzellan-Blumentopf,** weiss, mit Henkeln. Als Decoration fein gemalte bunte Blumenbouquets und Ornamente in grün und rosa. Höhe 13,5 cm.

391 **Berliner Porzellan-Blumenvase** mit reicher Golddecoration. Um den Körper ein bunt gemalter Rosenfries. Höhe 15 cm.

392 93 **Ein Paar** silberne Schälchen auf hohen Füssen. Ornamentirt und im Innern vergoldet.

394 95 **Ein Paar Metallschälchen.**

396 **59** diverse silberne **Münzen und Medaillen,** Thaler, Dreiguldenund Zweithalerstücke, XVIII. und XIX. Jahrh, verschiedener deutscher Bundesfürsten und Hansastädte. Darunter schöne und seltene Exemplare, einzelne mit Stmplglz. und von guter Erhaltung.

397 **50** diverse silberne **Münzen und Medaillen.** Bayrische Zweithalerstücke und einige wenige Thaler- und Guldenstücke, XIX Jahrh., besonders Ludwig I. Darunter schöne und seltene Exemplare, einzelne mit Stmplglz. und von guter Erhaltung.

398 **Collection von 30** diversen goldenen **Münzen und Medaillen,** Gesammtgew. 184,4 gr. Französische, deutsche, englische, hollandische italienische etc. Goldstücke und Medaillen, darunter schöne Exemplare.

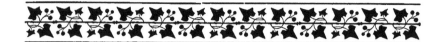

399 **Collection von Papiergeld.** 25 Assignatenscheine verschiedenen Werthes, 2 1-Thalerscheine (Preussen 1764), 1 10-Kreuzerschein (Oesterreich 1860). Im Ganzen 20 Stück.

400 **Collection.** 33 **Stück diverser kupferner Medaillen**, besonders XIX. Jahrh., verschiedener Nationen. Darunter sehr schöne Exemplare, einzelne versilbert.

401 **Collection von 124 Stück Kupfermünzen,** besonders XVIII. und XIX. Jahrh., meist grössere Stücke, diverser Nationen, darunter schöne Exemplare.

402 **Convolut: 1 Messinggefäss** von einem Hirschfänger, 3 **Skarabäen, 2 Bronze-Medaillen von 1813, 38 Stück Medaillen, Jetons, Pilgermünzen etc.** aus Zinn, Blei, Bronze und Messing. Zusammen 45 Gegenstände.

403 **Portrait Göthes** nach dem Leben in Oel gemalt von Julie Gräfin von Egloffstein. Sehr interessantes Stück. H. 14,5. Br. 11. G. R.

404 405 **Zwei Delfter Vasen** mit Deckeln, von geschweifter, unregelmässig achteckiger Form, blau auf weissem Grunde mit Darstellungen von Blumen und Rococoornament reich decorirt Auf dem Deckel als Knopf eine Chimäre in chinesischem Geschmack. Höhe mit Deckel 35 cm, Durchm. 15 zu 11 cm.

406 **Bronzebüste** des Philosophen J. J. Roussèau. Höhe 16 cm.

407 **Alt-Meissener Porzellanfigur,** bunt. Liegender Löwe mit erhobener linker Pranke, mit weit geöffnetem Maule dargestellt. H. 13, L. 15 cm. Sehr schönes Stück.

408 **Desgleichen,** ebenso. Löwin mit jungem Löwen mit erhobener rechter Pranke. Gegenstück von No. 407.

409—11 **Zwei Sèvres-Porzellantassen** und **ein Sahnengiesser.** Bleu royal mit Gold und buntem Blumendecor. Ober- und Untertasse gleich decorirt. Der Sahnengiesser auf drei Füssen.

412 **Alt-Meissener Porzellanfigur,** bunt. Drossel, den Kopf nach links gewendet dargestellt. Höhe 15 cm. Sehr schön aufgefasst und modellirt.

413 **Alt-Meissener Porzellangruppe,** Brautschmückung durch Putti dargestellt. Bunt und mit Gold. Putto als Zofe setzt der Braut den Kranz auf. Am Boden steht das geöffnete Schmuckkästchen mit dem Brautgeschmeide. Der liebkosende Bräutigam steht der sich wohlgefällig im Spiegel betrachtenden Braut zur Seite. H. 15, Br. 13 cm. Sehr schöne Gruppe.

414 **Gefächertes Doppelglas** mit Goldeinlage. Darstellung einer Fuchsjagd mit vielen sehr fein ausgeführten Figuren, im Boden, auf rotem Grunde, Hirsch von Hunden verfolgt. Treffliche Arbeit. Höhe 8 cm.

415 **Desgleichen,** kleiner, mit Darstellung einer Hirschjagd. Im Boden, auf rotem Grunde, Hunde einen Hasen jagend. Ebenso. Höhe 5 cm.

416 Siegburger **Krug** mit Henkel und breitem trichterförmigen Ausguss. Auf dem gebauchten Körper drei fein gearbeitete Relief-Medaillons mit weiblichen Figuren von Ornamenten umgeben, mit den Umschriften: Brabant, Frankreich, Portugal. Höhe 16.5 cm.

417 **Desgleichen**, kleiner, mit drei Ornament-Medaillons. Höhe 12,5 cm.

418 **Desgleichen**, mit Henkel und doppelter Wand, deren aussere mit drei durchbrochenen Ornament-Medaillons in gothisirendem Styl. Der Ausguss trichterförmig. Höhe: 18 cm.

419 **Sonnenuhr und Compas** aus Elfenbein mit meteorologischen Berechnungen. Bez. Paulus Reiman, Norimbergae faciebat. 11 zu 9 cm.

420 **Collection. 269 Stück altrömischer Münzen.** Kupferne und bronzene, meist Fundstücke, darunter circa 20 silberne Denare, Kaisermünzen, Familienm. etc. Theilweise stark oxydirt, worunter doch schöne und seltene Exemplare und mit schöner Patina.

421 **Collection. 325 Stück silberner Scheidemünzen**, XVII. Jahrh. und auch frühere, besonders XVIII und XIX. Jahrh., verschiedener Nationen. Darunter schöne und seltene Exemplare.

422 **Collection. 527 Stück kupferner Scheidemünzen**, worunter einzelne Nickel- und Bronzemünzen. XVII. Jahrh. und auch früere, besonders XVIII. und XIX. Jahrh. verschiedener Nationen. Darunter schöne und seltene Exemplare.

423 **Frankenthaler Service, Karl Theodor.** Mit fein gemalten bunten Landschaften, in welchen Figuren, sowie Streublumen auf weissem Grunde. An den Goldrändern Ornamentbordüren in gelb und roth. Drei Kannen, Zuckerdose, Theebüchse, Kuchenschale, drei Schalchen wovon eines oval, 10 niedrige Tassen, 6 hohe Tassen, die letzten mit 5 Porzellanlöffeln. Ein Deckel nicht dazugehörig, drei Tassen gekittet.

424 **Collection von sechs Venetianischen Glaspokalen** von verschiedener Form. Dabei ein grosses Stück mit blau-weissem Fadenmuster in dem reich ornamentirten Stiel, sowie ein kleineres mit drei beweglichen Ringen in den Henkeln. Höhe: 13,5 bis 27 cm.

425 **Marmorfigur.** Knabe an eine Urne gelehnt. Höhe: 50 cm.

426—30 **Fünf Paar Berliner Empire-Tassen.** weiss mit schmalen Goldrändern und zierlichen bunt gemalten Blumenfriesen. Die Form der Obertassen schwach gebaucht mit hohen Henkeln. Hierzu eine **Obertasse.**

431 32 **Zwei Paar Desgleichen** von verschiedener Form. Die eine in der Form der vorhergehenden mit Goldornamenten, die andere von gerader Form, marmorirt, mit braun gemalter Amoretten-Darstellung.

433 34 **Zwei Berliner Porzellanfiguren**, weiss. Herkules auf die Keule mit dem Löwenfell gestützt. Ceres mit Füllhorn. Kaum bemerkliche Defecte. Höhe: 16 cm circa.

435 36 **Ein Paar Desgleichen**, ebenso, auf Postamenten. Knabe mit Weinglas auf einen Koffer gestützt Mädchen Waaren zum Verkauf anbietend. Ebenso. Höhe mit Postament: 19 cm.

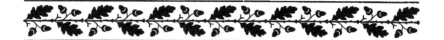

437 **Diverse Textilarbeiten.** Zwei Seidentücher, eine Schärpe aus Zwirnspitzen, eine seidene Börse etc.

438 **Zwei Seidenschärpen,** weisser Fond mit blauen Blumen und weisser Fond mit farbiger Bordüre und grossen Blumenbouquets.

439 **Drei Gürtelbänder** aus Silber- und Goldfaden gewebt.

440 **Zwei Damen-Halstücher,** eines aus Seiden-Mousselin, das andere aus schwerer gemusterter Seide.

441 **Atlasband,** erbsengrüner Fond mit eingestickten grossen Blumenbouquets. Br. 10,5, L. 1320 cm.

442 **Seidenshawl,** weiss und grüner Fond mit bunten Blumen und Bordüren bedruckt. Br. 130, L. 130 cm.

443 **Desgleichen,** dessinirter Fond mit breiter Blumenbordüre. Br. 120, L. 120 cm.

444 **Desgleichen,** mit Seide gefüttert, roter Fond mit verschiedenfarbig eingewirkten Bordüren und Blumen. Br. 160, L. 160 cm.

445 **24 plattirte Teller.**

446 **Vier plattirte Schalen,** oval.

447 **Vitrine,** Holz geschnitzt und vergoldet, zweietagig mit freistehenden Säulen.

448 **Ausziehtisch,** Eichen geschnitzt, auf gedrehten Füssen. Stegverbindung.

449 **Schwarzes Postament - Schränkchen** mit Bronzebeschlägen und eingelegten Marmorplatten.

450 51 **Zwei Rohrstühle** mit hohen Lehnen und reichem durchbrochenen Schnitzwerk.

452 53 **Zwei Desgleichen.** Ebenso. Die Rücklehnen getheilt.

454 **Ein Desgleichen,** mit sehr hoher Rücklehne und äusserst reichem durchbrochenen Schnitzwerk.

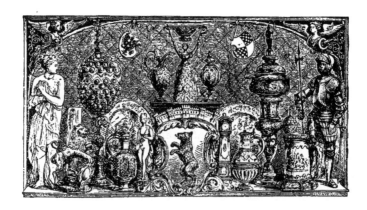

Buchdruckerei „Die Post", Berlin, Zimmerstrasse 94.

Lightning Source UK Ltd.
Milton Keynes UK
UKHW010911220119
335966UK00008B/502/P